왕에게
고하라

상소문에 비친 조선의 자화상

왕에게
고하라

이호선 지음

광화문 뒤로 푸른 하늘을 베고 옅은 잠에 취한 인왕산, 그 부드
러운 산자락을 따라 경복궁이 서울 도심의 적막을 지킨다. 세월에
따라 사람은 가고 나라는 흥망과 성쇠를 겪었지만, 수백 년 전 조
선의 왕들과 신하들이 보았던 저 산과 하늘은 오늘과 조금도 다름
없었으리라. 저 근정전 어느 뒤켠에는 신하들의 만류로 사냥을 못
한 태종이 울적한 마음으로 화살을 쏘던 곳이 있었을 것이고, 광화
문 육조거리 어디서는 왕에게 올릴 상소문을 들고 궁궐을 향해 바
쁜 걸음을 옮기는 관원의 숨소리가 들리는 듯하다.

이 책은 조선왕조실록 중에서도 태종과 세종조의 상소문을 중심
으로 엮었다. 조선왕조 문치 오백 년 기틀의 상당 부분이 태종과
세종조에 확립되었다는 점과 왕도정치의 핵심 가치와 사상이 일목
요연하게 잘 녹아 있고, 그것이 왕 아닌 신하들의 관점에서 나왔다

는 점에서 조선을 정확하게 이해하는 자료로서 이만큼 훌륭한 것
도 없을 것이다.

신하들이 왕에게 의견을 올리는 방법은 여러 가지였다. 그 중에
서도 문서로 올리는 의견을 상소라 하는데, 내용에 따라 간쟁·탄
핵·시무·사직 등에 관한 것으로 분류할 수 있다. 특히 간쟁은 왕
의 결정이나 행동에 관해 지적하는 것인만큼 상소자로서는 왕의
노여움을 살 위험이 매우 크지만, 조선의 신하들은 대체로 왕의 잘
못을 논하는 데 주저하지 않았다.

간쟁소諫爭訴만큼 치열한 상소는 탄핵소彈劾訴였다. 주로 사헌부
와 사간원 등에서 공직자들의 비위 사실에 대해 처벌이나 인사상
조치를 요구하는 것이었는데, 그것이 왕에 의해 늘 수용되는 것은
아니었으나 '염치', '의리', '효'와 같은 윤리적 엄정함은 단순한
적법성의 차원을 넘어서는 노블레스 오블리주의 보루가 되었다.

어떤 유형이 되었건 상소문은 당시에는 왕을 비롯한 몇몇 신하
들에게만 접근이 허용되었던 정부의 공식문서였다. 상소문을 포함
한 실록의 자료인 사초는 왕 자신도 볼 수 없었다. 때로는 왕의 마
음에 들지 않아 태워버리고 싶은 상소문도 있었지만, 이미 사관이
그 내용을 베껴 사초로 만들어둔 뒤라 왕도 어쩔 수 없었다는 기록
이 더러 보인다. 이런 식으로 자기성찰을 제도화한 것은 동서양 어
느 문명국에 견주어도 탁월했다고 할 수 있다.

상소문 하나하나에는 어제가 아닌 오늘의 우리의 모습이 들어
있다. 거기에는 도의가 타락되는 데 대한 안타까움, 백성의 어려운

살림살이에 대한 아픈 고발, 외적의 침략에 대한 끊임없는 긴장, 위선적인 관료들의 행태와 상하귀천을 막론한 허영의 폐단 등이 부끄럽게 투영되어 있다. 그러나 한편으로는 백성들의 고통을 자신의 책임으로 돌리는 왕의 자책과 나름의 원칙과 이상을 구현하기 위한 선조들의 고민과 통찰, 지금까지 여운을 남기는 비장한 격정도 고스란히 들어 있다.

역사가 상업주의 미디어의 소재로 취사선택되어 자학적 과장을 거쳐 왜곡되고 과거의 삶이 조롱과 풍자로 기억되는 세상이지만, 이제는 타인의 눈과 손으로 채색되고 걸러진 것이 아닌 있었던 그대로의 소리에 귀를 기울일 때가 되지 않았을까? 우리도 언젠가는 후세에 기억되고 평가될 존재라는 인식을 갖는다면 말이다. 공감共感에는 시공을 초월한 생명력이 있다. 그들의 책상 위에 있는 상소문을 살짝 들추어보는 은밀함은 그런 공감을 가능하게 한다.

이 책의 원고를 마무리하고 찾은 경기도 여주의 세종대왕 능은 예전에 보던 그것이 아니었다. 능 주변을 쓸고 가는 바람, 그 가운데를 관통하는 생생한 그 무엇이 있었다. 광화문 거리와 근정전 뜨락을 밟는 감회도 전과 달랐다. 독자들에게도 이 책이 그런 내밀한 기쁨을 주고, 우리의 어제였던 조선에 대한 공정한 시각을 갖는 데 조금이나마 보탬이 되면 그 이상 바랄 게 없겠다.

2010년 9월
이호선

제1장

왕과 리더십

꿩 먹고 알 먹고,
사냥하고 제사하고

왕이 장령掌令(감찰監察 업무를 담당하던 관직) 이관李灌을 불러 추궁했다.

"지난번 경들이 사냥하는 걸 불가하다고 말했으니, 그렇다면 왕은 사냥을 못하는 것이오?"

이관이 말했다.

"신들이 불가하다고 한 것은 장차 종묘宗廟에 제사를 지내러 가면서 사냥을 했기 때문이지 왕이 사냥을 못한다는 뜻은 아니었습니다."

그러자 왕이 말했다.

"그런데 '사냥하여 잡은 것 중 좋은 것은 제사 용기에 담고, 그보다 낮은 급은 손님을 대접하는 데 쓴다'는 말이 예법을 기록해 놓은 글에도 나오는 걸 보면 종묘를 위해 사냥하는 것은 허용되는 것 아니오? 나는 구중궁궐에서 태어나 자란 사람이 아니오. 비록 대강 시서詩書를 익혀서 요행히 유학을 배웠다는 이름을 얻었으나 실은 무장武將 집안의 자손이오. 어려서부터 오로지 말 달리고 사냥을 일삼았는데, 지금은 왕위에 있으면서 할 수 있는 일이 없어 경서와 역사책을 읽으니 참으로 재미가 있어서 하루도 책을 놓지 못했소. 이는 주변의 신하들이 다 아는 바요. 그러니 조용하고 편안하여 여유있는 때에 바깥에 나가 놀며 구경하고 싶은 생각이 왜 들지 않겠소? 요즘은 교외에 기러기 떼가 많이 온다는 말이 들리고, 또 계절이 매를 놓아 새 사냥하기에 좋은 때요. 그래서 내가 이건 왕의 행차에 부수되는 각종 격식을 다 갖추어 갈 수도 없고, 여러 마리 말들을 달려 대낮에 행할 것도 아니라고 여겨 새벽에 나가 매를 놓고 돌아왔던 것이오. 그런데 경들과 사간원에서 서로 잇따라 상소하길래 따르기로 한 것이오. 대저 내가 사냥을 하는 것은 심심하고 적적한 것을 달래기 위한 것인데, 경들도 공부한 사람들이니 옛 글에도 이런 걸 허용하는 내용이 있다는 걸 알 것이오."

그렇게 말하면서 친히 중국 송나라의 진덕수眞德秀가 대학大學의 강령을 부연 해설한 《대학연의大學衍義》를 들고 그 중에서 '두루 다니면서 구경하는 것은 마음과 몸을 기르는 것이라'는 구절을 뽑아내 스스로 읽었다.

"이것이 사냥을 금하는 말이오? 옛 사람들도 금하지 않았고 다만 지나치게 즐기지 말라는 것뿐 아니겠소. 내가 지나치게 즐긴 적이 있었소이까? 있으면 말해 보시오."

이관이 대답하지 못했다.

"오늘 내가 경을 힐난하는 것이 아니라 내 뜻이 그렇다는 걸 말하려는 것이오."

이관이 말했다.

"신들도 전하께서 사냥하는 것 자체를 말리는 것이 아니라 종묘에 제사 지내러 가는 길에 사냥하는 것이 옳지 못하다는 것이고, 또 지형이 험해 혹시라도 안전상에 문제가 있을까 두려워했기 때문입니다."

왕이 이관을 내보내고 김첨金瞻과 김과金科 등에게 여러 자료를 뒤져 제왕의 사냥에 관한 규례를 잘 살펴 말하라고 명했다.

"경들은 예법과 제도를 만드는 직책을 맡고 있으면서 사냥하여 종묘에 제물을 드리는 일에 관해서는 어찌하여 지금까지 안을 만들지 않는 것이오?"

이에 김첨이 말했다.

"계절에 따라 드리는 제사에 쓰이는 제물은 모두 미리 사냥하여 두었다가 쓰지만, 어떻게 제사를 지내려 하면서 그 자리에서 사냥한 제물을 올리겠습니까?"

왕이 말했다.

"그것은 경이 결정하도록 하오."

1403년(태종 3) 10월 1일

기상 이변의 책임은
누구에게 있는가

왕이 주변사람들의 의견을 묻는 교서를 내렸다.

"내가 비록 덕이 적은 사람이지만 한 나라의 신하와 백성들의 뜻에 힘입어 자리에 앉아 위로는 왕조를 개창하신 아버님의 위업을 생각하고, 아래로는 그 아들로서 왕조를 지켜나가야 할 책임감을 느껴 밤낮으로 삼가고 두려워하며, 하늘을 공경하고 백성에게 부지런하고자 했다. 항상 바닥의 민심이 위로 제대로 전달되지 못할까 염려하여 신문고를 설치하고 원통하고 억울한 사정이 있으면 숨기지 말고 알릴 수 있는 길을 터주었다. 하지만 내가 덕에 밝지 못한 까닭에 왕위에 오른 이래로 기상 재해가 거듭되어 재차 교지 敎旨를 내려 나라를 바로 다스릴 방도에 관한 조언들을 구해 듣고자 했으나 모두 쓸 만한 말이었으나 아직 다 거행하지 못해 신뢰를 잃은바 적지 않았다. 요즈음 바람이 크게 불어 나무가 뽑히고, 비가 오래 와서 곡식을 해치고, 산악山岳이 무너지고, 집들이 떠내려가니 음산한 재해災害가 오늘날보다 참담한 적이 아직 없었다. 평화롭고 온화한 기운이 사라지고 이상한 괴변들이 일어나니 이 모든 잘못은 나에게 있다. 이에 통렬하게 스스로 책망하길 마치 연못에 빠진 자와 같이한다. 내 덕에 허물이 있으니 어찌해야 이를 닦고, 나라의 정치에 잘못이 있으니 어찌해야 이를 고치겠는가? 어떤 정책을 펼쳐야 하늘의 뜻에 순응하는 것이며, 제사를 어떻게 드리면 하늘에 계신 신의 마음에 들겠는가? 어떻게 하면 예법이 제대로 베풀어지고 법도가 바로 지켜지며, 사람들을 제대로 등용하여 알맞게 쓰며 사사로이 청탁하고 뇌물을 주는 폐단을 막을 수 있겠는가? 백성들의 부엌살림은 왜 그리 옹색하며, 재판은 왜 그리 오래 지체되며, 풍속은 어찌하여 아름답지 않고, 부역이 고르지 않음은 어찌된 일인가? 권문세족들이 법을 좌지우지 흔들어대고 교활한 관리들이 횡포를 부리는 일이 과연 없겠는가? 형벌을 시행할 때마다 원통하고 억울한 일이 생기고 법령法令이 어지럽게 고쳐지면서 한숨과 탄식이 있었으리라. 이 모든 원망이 형체 없이 나타나고 그 화가 숨겨져 있다 나온 것이 아닌가. 일일이 말을 하자니 심히 두렵고 부끄럽다. 재해가 오는 까닭은 무엇이며 이를 없애는 방법은 무엇인가? 대소신료들에게 그 답을 구하니 6품 벼슬의 지위에 있거나 그 벼슬을 했던 사람들 중 내게 꼭 하고 싶은 말이 있는 사람은 위로는 나의 사사로운 잘못에서부터 아래로는 백성들의 시시콜콜한 흠에 이르기까지 들추어내어 바로잡기를 피하지 마라,

말을 전할 적에는 관계된 자들이 권세가이건 아니건 꺼리지 말고 품은 바를 지적하여 숨김없이 말하도록 하라. 올라오는 말들은 내가 받아들여 나라를 다스림에 잘 쓸 것이며, 비록 이치에 맞지 않거나 말에 실수가 있어도 그 뜻을 귀하게 생각하고 용서하리라. 오늘의 기상 재해는 오로지 내가 덕을 잃은 까닭이니 마땅히 자신을 엄히 꾸짖어 돌이켜 반성하고 생각을 깨끗이 닦아야 할 것이다. 이렇게 신하들의 의견을 묻는 것은 장래에 잘못을 고치고자 하는 뜻이니 어찌 감히 가볍게 듣고 따르지 않겠는가? 그대들은 마음을 다해 나의 뜻에 따라 나라를 제대로 다스릴 수 있도록 나를 도우라."

1404년(태종 4) 8월 1일

탕약은 맛보고 올려라

　이주 李舟와 평원해 平原海 등이 뽕나무 가지에 붙어 있는 사마귀
알로 약을 만들어 올렸는데, 왕이 이를 먹고 구토하고 어질거리는
증상을 보였다. 당직 중이던 호위군관 권희달 權希達 등에게 먹어
보게 했더니 같은 증상이 나타났다. 그러자 사헌부에서 궁중의 탕
약을 조제할 때 이를 감시·감독하던 좌부승지 맹사성 孟思誠과 약
을 조제한 이주와 평원해를 탄핵하는 글을 올렸다.

　"왕이 병이 있어 약을 먹으면 신하가 먼저 맛보고, 아비가 병이
있어 약을 먹으면 아들이 이를 맛보는 것은 왕과 아비를 중히 여겨
약을 신중하게 쓰기 위함입니다. 이주와 평원해가 왕이 드실 약을
조제할 때 성질과 일정한 방식에 따라 알맞게 가공하는 법에 소홀
하여 성체 聖體를 평안치 못하게 했으니, 그 불경과 불충의 죄가 큽
니다. 또 맹사성은 약 조제를 감독하는 명을 받고도 자세히 살피지

19

못하고, 특히 먼저 맛보아야 하는 도리에도 어긋났으니 이들을 모두 징계해야 합니다."

왕이 장령 이명덕李明德을 불러 좋은 말로 타일렀다.

"왕이 약을 먹으면 신하가 먼저 맛보는 것이 예이나, 내가 그렇게 하도록 하지 않았으니 이는 내 잘못이요, 신하의 죄가 아니오. 또 이주와 평원해가 어찌 나를 병들게 하려고 일부러 그렇게 할 마음이 있었겠는가? 이 일은 다시 논하지 마시오."

1406년(태종 6) 1월 5일

사냥에 탐닉하다

사간원에서 글을 올렸다.

"신의는 왕이 지녀야 할 큰 보물이고, 예의는 왕이 가져야 할 큰 덕목입니다. 그러므로 왕의 말에는 아랫사람들의 믿음이 있어야 하고, 왕의 움직임에는 예절이 있어야 하니, 말이 미덥지 못하거나 움직임이 예를 벗어나면 무엇을 하더라도 제대로 되지 않습니다. 전하께서 처음에 평주平州에 온천욕을 하러 가신다고 했을 때 대간에서 수행하겠다는 청을 불허하고, 결국에는 해주에서 군사를 모아 사냥과 무예 연습(강무講武)을 하며 보내신 기간이 거의 한 달여가 되었으니 신들은 매우 유감입니다. 또 세자가 날마다 경서를 강론하는 자리를 열어 공부하고, 덕성을 함양하며, 주상께서 도성을 잠깐 비우는 동안에는 서울에 머물며 나라 돌아가는 일을 감독해야 할 책임이 있는데도 전하께서 행차하던 날 그대로 따라가 맡을

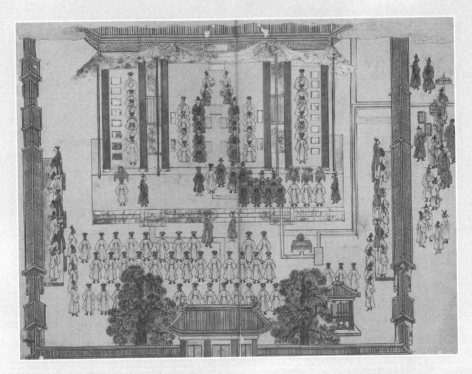

〈왕세자입학도첩〉 중 제2장면인 '작헌도'

〈왕세자입학도첩王世子入學圖帖〉은 1817년(순조 17)에 순조의 맏아들인 효명세자의 입학
례를 기록한 것으로, '왕세자출궁도王世子出宮圖', '작헌도酌獻圖', '왕복도往復圖', '수폐
도修幣圖', '입학도入學圖', '왕세자수하도王世子受賀圖' 등 총 여섯 장면으로 구성되었
다. 세자는 《소학》과 《주자가례》를 배울 수 있는 나이가 되면 성균관 대성전을 참배한
후 명륜당에서 성균관 박사에게 가르침을 받는다는 의미로 입학례를 치렀다. '작헌도'는
세자가 공자에게 잔을 올리는 의식을 그린 것이다. (고려대학교 박물관 소장)

달려 새를 쫓아 사냥을 즐겼으니, 신들은 세자가 학문에 온 마음을 쏟지 못할까 걱정됩니다. 더구나 황해도는 중국과 왕래하는 교통로에 있어 사신들의 식량 등을 저장토록 함이 급한 일인데, 이제 태평한 세월에 창고문을 열어 강무에 참여하는 군사들의 양식을 충당하는 것은 적절하지 않습니다. 이제부터 전하의 작은 움직임이나 묵으실 곳을 반드시 관련 부서에 알려주고, 또 귀경하는 기한도 미리 정해 주신 뒤 그 기한에 맞춰 도로를 깨끗이 정돈하고 수레도 위엄 있게 격식을 갖추어 환도하소서. 또 대간은 전하의 눈과 귀라 하루라도 전하의 곁에 없을 수 없으니, 길의 멀고 짧음이나 행차 기간의 장단에 관계없이 수레를 움직여 나가면 수행하도록 허락하소서. 그리고 강무는 법으로 정해둔 제도이니 폐할 수는 없으나, 너무 먼 곳에 나가 사냥하면서 대궐의 자리를 비우는 것은 좋지 않으니 반드시 도성 주변에서 하여 경기도 지역 밖으로는 나가지 말고, 그 기간 동안은 세자에게 감독하게 하고, 평일에는 학문에 전심하게 하소서."

왕이 이 글을 보고 기뻐하면서 말했다.

"나에게 실로 허물이 있었소. 간원의 말이 참으로 옳으니, 마땅히 따르리라."

1413년(태종 13) 3월 2일

가뭄 때문에 거처를 옮긴다?

왕이 가뭄을 민망하게 여겨 영돈녕 유정현, 좌의정 이원, 찬성
황희, 형조판서 권진, 병조판서 조말생, 이조판서 허조, 호조판서
안순, 예조판서 이맹균, 대제학 변계량을 불러서 말했다.

"지난 20년 동안 이와 같은 가뭄은 보지 못했는데, 내가 덕이 없
기 때문이 아닌가 하오. 그래서 감히 커다란
집에 편안히 있을 수 없어서 다른 궁으로 피
해 있고자 하나 더위는 매우 심한데 군사가
있을 만한 곳이 없어서 그냥 정전에 거처하고
있소이다. 이 궁궐에 내가 거처할 만한 곳이
세 곳인데, 정전에 거처하지 않고 바깥 측실
에 가서 거처하면서 재앙을 그치게 할 도리
를 생각할까 하오. 한편으로는 서이궁西離宮*

* 세종 대에 상왕인 태종을 위해
건축한 서쪽 이궁(서이궁西離宮)으
로 태종이 세상을 떠난 이후 세종
7년에는 연희궁으로 불렸다. 원래
연희궁은 조선 초 정종이 태종에
게 왕위를 선양하고 거처했던 곳
이다. 세종은 연희궁을 병이나 날
씨를 피할 목적보다 이어소移御所
(왕이나 왕비가 임시로 옮겨 거처하던
곳)로 사용했다.

에 나가서 하늘의 꾸지람에 답했으면 하는데, 경들의 생각은 어떠하오."

이에 신하들이 말했다.

"전하께서 가뭄을 걱정한 나머지 자신을 책망하여 정전에 거처하는 것마저 피하고자 하니 거룩한 말씀입니다. 진실로 만세에 아름다운 말씀입니다. 그러나 이궁에 나가면 군사와 시위하는 신하들의 드나들기와 수라상 들이기가 어려워 아랫사람들의 고통이 클 것입니다. 그냥 머무는 것이 옳은가 합니다."

왕이 말했다.

"내가 미처 그런 것까지는 생각을 못했소. 그대들의 말이 매우 타당하니 그대로 하리다."

그리고 왕이 말했다.

"각 도에서 올라온 강우 보고를 받으니, 지방에는 비가 흡족하게 온 듯하나 유독 서울에만 오지 않았소. 혹시 하늘이 무슨 까닭이 있어 그런지 모르겠소. 또 정사를 봄에 잘못이 있어 그런지 의심스럽고 두렵기도 하오. 그러니 각자 재앙을 그치게 할 도리를 힘써 강구하여 숨김없이 모두 말하도록 하시오."

신하들이 말했다.

"성상께서 재앙을 두려워하여 수양하고 반성하신 지가 벌써 여러 날인데 나라 일을 보실 적에 내리신 판단과 지시에 잘못이 있다고 생각되지 않습니다. 지난번 전하께서 두루 의견을 구하던 날 신들이 나름으로 가뭄 구제 방책을 강구하여 올린 바 있는데 이제 다시 무슨 말이 있겠습니까? 다만, 전에 신들이 올린 말을 다시 헤아려 시행하면 어떨까 합니다."

1425년(세종 7) 7월 7일

궁궐 매를 훔치다

대사헌 김익정金益精 등이 글을 올렸다.

"신하된 자로서 범하는 죄 중에서 불경보다 큰 것이 없다 할 것이므로, 이런 일이 있으면 그 실상을 꼭 밝혀야 할 것입니다. 얼마전 형조에서 영평군 윤계동尹季童, 을부乙富, 박흥朴興 등이 궁궐에서 기르는 매를 훔친 일을 조사하여 보고를 드렸습니다. 이 사건을전하의 명에 따라 의금부에서 다시 조사하니 박흥과 을부는 전에실토했던 말을 전부 뒤집고, 윤계동 역시 사실대로 말하지 않았습니다. 그런데 전하께서는 박흥과 을부 두 사람의 죄만 물으셨습니다. 피고인들의 말이 일치하지 않을 때는 마땅히 사실관계를 추궁하여 명백하게 된 후에 벌을 주어야 하는데, 지금 형조와 의금부에서 조사한 내용들이 서로 달라 어느 쪽에서 한 진술이 옳은지 알수 없습니다. 만일 똑같은 죄로 누구는 벌을 받고, 누구는 면한다면 공의로운 도리에 합당하지 못할까 두렵습니다. 의금부와 대간이 이들을 국문하여 사실을 밝히고 형벌을 합당하게 주어 뒷사람을 경계하게 하면 더없는 다행이겠습니다."

그러나 왕이 허락하지 않았다.

"윤계동의 일은 다시 물을 것도 없고, 또 이런 문제는 속히 결단하기 어렵다."

왕이 영돈녕 유정현柳廷顯을 불러 말했다.

"이틀 전 사헌부에서 영평군 윤계동·을부·박흥 등이 매를 훔친 일로 글을 올리기를 '형조와 의금부에서 조사한 기록이 서로 같지 않으니 다시 의금부와 대간이 조사해 밝혀서 뒷사람을 경계하라'고 했는데, 이에 대해 어떻게 생각하오?"

유정현이 말했다.

"형조 참판 유영柳穎이 신과 친족이라 직무에 관해서는 서로 피해야 하는 관계이니 신이 이 일에 대한 의논에 감히 참여할 수 없습니다."

왕이 말했다.

"내가 경과 형조 참판이 상피相避되는 지위에 있음을 모르는 것이 아니나, 일부러 경을 부른 것은 그 공정무사한 마음으로 솔직하게 의견을 내달라고 하기 위함이오."

이에 유정현이 말했다.

"옛 사람은 상피하는 법을 굳게 지켰으나 전하의 분부가 이와 같으니 어찌 감히 명령을 따르지 않을 수 있겠습니까?"

왕이 말했다.

"내가 윤계동이 매를 훔친 혐의가 확실치 않다고 본 것은 박홍의 말 외에는 다른 증거가 없기 때문이오. 또 윤계동은 종실과 인척 관계가 있고 나이도 젊고 어리석은데 이 사건이 무슨 역모죄라도 되면 사사로운 정으로써 공을 덮을 수 없으니 법으로 처벌해야겠지만, 설령 그 혐의가 사실이더라도 사소한 잘못이니 그냥 놔두는 것이 어떻겠소이까?"

이에 유정현이 말했다.

"지난번 의금부에서 조사받을 때 을부와 박홍 등이 먼저 했던 말을 다 바꾸었고, 윤계동도 있는 대로 털어놓지 않았으니 신문을 다시 하도록 함이 옳은 듯합니다."

왕이 말했다.

"그대의 말이 맞구려."

윤계동, 박홍, 을부, 타내他乃와 관련된 사건을 의금부에 보내서 판부사 맹사성과 총제 전흥田興에게 국문하도록 명했다.

1425년(세종 7) 10월 10일, 12일

그들도 한 잔씩
해야 되지 않겠소

대사헌 조치曹治 등이 글을 올렸다.

"술은 법도 있게 마시면 복을 받으나 법도 없이 마시면 화를 입습니다. 이 때문에 옛날부터 정사를 맡긴 신하들에게 술을 삼가고 경계하도록 해서 오직 나라의 큰 제사에서만 쓰도록 하고 취하고 주정하는 일을 금했습니다. 지금 무식한 백성들이 일가끼리 모이거나 귀신에게 제사하고 서로 은밀하게 모여 술을 마시니 그 술과 안주에 소요되는 것이 잔치를 할 때보다 갑절이나 많고, 취한 뒤에는 서로 욕하고 다투고 때리며, 심지어 사람까지 상하기도 합니다. 일반 평민들뿐만 아니라 사대부나 조정의 신하들까지 역시 많이 마셔대니 앞으로는 크고 작은 공식 제사나 궁궐에 올리는 상, 외교사절들을 위한 연회를 제외하고는 전국에서 공사 간에 술 먹는 것을 일체 금해 헛된 소비를 줄이고 예의를 지키게 하옵소서.

또 지금 봄 농사철이 한창인데 수령들이 재판을 하면서 급하지도 않은 사건인데 백성을 불러 관아에 출석하라는 명을 내리면 농삿일을 못하게 되니 폐해가 큽니다. 이번 3월 1일부터 8월 말까지 서울과 지방의 모든 소송 사건들 중에서 간통, 강절도, 상해, 살인죄, 도망한 노비의 사건을 제외하고는 재판을 정지하소서. 아울러 각 도의 감사에게 올 곡식은 3월 1일부터 15일까지, 보통 곡식은 3월 16일부터 말일까지, 늦 곡식은 4월 1일부터 15일까지 파종을 마치도록 독려하게 하소서. 또한 감사에게 김매기와 수확도 곡식의 올됨과 늦됨에 따라 알맞게 기한을 정해 시기를 놓치지 않도록 하여 백성의 생계를 넉넉하게 하도록 하옵소서."

왕이 말했다.

"술을 금지하면 그 감시가 엄격하지 못해 종종 가난하고 힘없는 백성이 막걸리 한 잔을 마시다가 붙잡히는 수가 있고, 힘 좀 있고 부유한 자는 날마다 마셔도 누가 감히 뭐라고 하지 못해 형평에 맞지 않으니 금하지 않는 것이 옳다고 보오. 곡식의 파종에 관해서는 절기로 이름과 늦음을 삼기 때문에 특별히 기한을 정해 시행하기 부적당하니, 다만 각 도에 공문을 보내 권장하도록 하는 것이 좋겠소이다. 재판의 정지는 얼마 전 각 도의 감사가 이미 그 문제점을 말해 정지하도록 했으니 지방에서야 문제될 것이 없고, 서울에 사는 자들은 본래 농사와는 관련이 없지 않겠소?"

1429년(세종 11) 2월 25일

외국인의 생명도 귀하다

대사헌 김효손 등이 글을 올렸다.

"상벌은 왕이 가진 큰 권리로서 상은 멋대로 줄 수 없으며, 형벌은 남용해서는 안 됩니다. 상벌의 시행이 적절하게 이루어진 뒤라야 백성을 훈계하고 징계하는 도리가 서는 것입니다. 근일에 외국 선박 한 척이 바다에서 풍랑을 만나 그 선원들이 지치고 허기져서 해안에 올라왔습니다. 이들에게 무기가 없었고 갖고 있던 것이라고는 쌀 한 말이 전부였으니 적선賊船이 아닌 것만은 명백합니다. 그런데 울진현감 김익상金益祥과 수산포 부만호 장홍도張弘道 등은 앞을 다투어 쏘아 맞혀 자기 재능을 자랑했으니 사람으로서 어질지 못함이 이보다 심할 수 없습니다. 함부로 사람을 죽인 자는 진실로 죄를 주어야 옳습니다. 그렇지만 이들을 도리어 포상하니 도대체 어찌된 일인지요? 상을 내린다는 명령을 도로 거두어 나라의 기운이 한창 뻗어가는 이때 상벌이 옳게 되도록 하소서."

그러나 왕이 허락하지 않자, 장령 장수張脩가 아뢰었다.

"허기지고 지쳐 해안에 올라온 사람을 앞 다투어 쏘아 맞힌 행위에 무슨 상을 줄 만한 공이 있습니까?"

이에 왕이 말했다.

"내 일찍이 공인지 아닌지 의심스러우면 큰 공으로 여겨 칭찬하라고 배웠소. 이제 내가 그들을 칭찬하여 상을 준 것은 혹시라도 진짜 적선이 올 경우 우물쭈물하지 말고 뒷사람들이 용감히 나가 싸우라고 격려하기 위한 것이오."

1429년(세종 11) 9월 24일

여악은 좋지 않다

왕이 말을 대신하여 올려주는 신하들에게 물었다.

"봉상소윤 박연朴堧이 건의하여 아악雅樂을 쓰고 향악鄕樂을 쓰지 말자고 하길래 내가 이를 괜찮게 여겨 그 일을 추진해보라고 했더니 박연이 너무 일에 힘을 쏟은 나머지 병까지 얻었소. 장차 박연의 뒤를 이을 만한 사람이 누구인가. 별좌 정양鄭穰이란 사람은 어떠하오?"

지신사 허성許誠이 대답했다.

"정양도 역시 글을 하는 선비지만, 음율에도 매우 정통합니다. 현재로서는 비록 박연에게 미치지 못하나 정교함은 박연을 능가하고 있습니다."

이에 왕이 말했다.

"그렇다면 박연에게 아악의 묘리를 자세히 전수하게 하는 것이 좋을 것 같구려."

좌부대언 김종서金宗瑞가 말했다.

"예악禮樂은 나라를 다스리는 큰 근본입니다. 그런 까닭에 음악을 보면 정치를 알 수 있다는 말이 있습니다. 우리나라의 예악은 이웃 중국에 견주어도 전혀 손색이 없을 정도여서 예부터 중국 사신이 왔다가 우리 예악에 크게 감탄하고 칭찬했습니다만, 연회에 여자 악사들이 끼여 있음을 보고는 의아하게 생각했습니다. 예부터 공식연회에 여자들을 불러 들여 연주하고 노래하게 하는 것은 비루한 일로 생각되어 왔습니다. 공자께서도 나라를 다스리는 법을 말씀하실 때에 반드시 음란한 소리를 추방해야 한다고 했으니 여악女樂을 아악과 섞을 수 없음은 너무나 명백한 일입니다. 지금은 옛날이나 앞으로 오기 힘든 번성한 시대라 할 수 있습니다. 이러한 시대에 여악의 폐단을 고치지 않고 옛날처럼 따르기만 한다면 장차 오는 세대에서는 이를 당연히 여기고 또 누가 나서서 이를 혁파하려고 해도 반대하는 자들이 '옛날 번성한 시대에도 고치지 않았던 것을 어찌 오늘에 와서 고치려 드는가' 할 것이니 후대에 누가 되고, 모범이 되지 않습니다. 전하께서 큰 성군의 기품을 갖고 있으면서 여악의 좋지 않음을 알면서도 군신들의 연회에서 연주하게 하고 또 외교사절들을 접대하는 자리에서 허용하는 것은 매우 불가한 일입니다. 큰 용단을 내려 오랫동안 쌓인 비루한 풍습을 개혁하소서."

왕이 이를 가상히 여기면서 말했다.

"그런데 여악을 써온 지가 꽤 오래인데 이를 갑자기 없애 버리고 남자 악공들로만 연주하게 한다면 음률이 맞지 않아 서로 어긋나지 않겠소이까? 하루아침에 고치기는 좀 힘들 것 같소."

김종서가 말했다.

"여악의 누습陋習이 그대로 있는 것보다는 차라리 어긋남이 있을지라도 연습하여 완숙되기를 기다리는 것이 옳습니다."

우부대언 남지南智가 말했다.

"여악의 폐단은 지방에서 더욱 심합니다. 수령들이 백성을 다스릴 때 한편으로는 부녀자로서 절의를 잃은 자를 책망하고 벌주면서, 한편으로는 관아의 기생을 불러내 중앙에서 파견된 관리나 손님을 접대하라고 하고, 이를 거절하면 벌을 주니 이렇게 모순된 일이 어떻게 있을 수 있겠습니까? 또 지방 유생들 사이에서 시기와 은근한 다툼이 흔히 이 문제로 일어나고 있으며, 이 때문에 남녀의 분별도 어지럽게 되고 백성을 교화하는 일도 잘되지 않고 있으니, 결코 작은 실책이 아닙니다. 큰 고을에는 관기가 백여 명에 달하여 놀고먹는 폐단도 적지 않으니 이를 없애 버려 태평성대에 정치에 흠이 되는 일을 제거하소서."

왕이 말했다.

"경들의 말은 지당하오. 그러나 태종 때에도 이미 이와 같은 논의가 있었는데 반대하는 이들이 나서서 지방마다 풍속이 있어 내려오니 어쩔 수 없다고 하여 지금까지 그냥 두었던 것이오. 지금부터라도 조정에서는 여악을 금하고 남자 악공들로만 하는 연주(남악

박연 부부(조선 후기)

세종은 박연에게 불완전한 악기 조율調律의 정리와 악보 편찬의 필요성을 말하고 궁중 음악 전반을 개혁하게 했다. 박연은 고구려의 왕산악, 신라의 우륵과 함께 한국 3대 악성으로 추앙된다. (국립국악원 소장)

男樂)가 가능할 것이오. 그러나 지방까지 한꺼번에 남악을 하라고 하면 무리가 따르지 않을까 싶소."

동부대언 윤수尹粹가 말했다.

"남자 악공의 부족도 그렇거니와 다른 문제도 있습니다. 원래 기생의 일은 아내가 없는 군사들을 접대하기 위한 것으로 알고 있습니다. 우리나라가 동남으로는 바다에 닿아 있고, 북으로는 오랑캐와 접하고 있어 국경을 방어할 일이 한 해라도 없는 때가 없으니 여악을 갑자기 없애는 것은 신중을 기해야 할 것입니다."

1430년(세종 12) 7월 28일

왕의 허리띠 금장식과 옷감을 훔치다

사헌부에서 글을 올렸다.

"왕의 의복과 궁궐의 일용품을 담당하는 관청의 관원인 김을현金乙玄, 윤수미尹須彌, 하도河圖 등은 왕께 올릴 의복의 띠를 만들 때 잘 감독하지 못한 탓으로 장인이 거기에 장식한 금을 훔쳐 쓰게 했습니다. 실무책임자인 백환白環과 그 아랫사람인 유흥준俞興俊, 송성립宋成立 등은 그 금이 없어진 것을 잘 살피지 못하고 옷을 지을 때도 허술하게 관리하여 바느질 하는 자에게 옷감을 몰래 가져가도록 했으니 그 불경스러운 죄가 실로 크다고 할 수 있습니다. 그런데도 전하께서 이 불경한 무리에게 여전히 자리를 보전케 하여 일을 하게 하니 신들의 마음이 불편합니다. 김을현을 파직하고 다시 청렴하고 부지런하며 일에 능한 자로 바꾸소서. 백환은 본래 배운 것도 없는 자가 별다른 공로도 없이 다만 교묘한 성품으로 3품

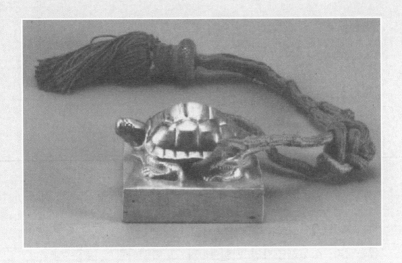

세종 어보

어보는 임금이 쓰던 도장을 말하는 것으로 일반적으로 '옥새' 라고 한다. 세종 어보는
1450년에 문종이 승하한 부왕 세종을 위해 제작한 것이다. (국립고궁박물관 소장)

의 벼슬에 이르렀으면 항상 부지런히 맡은 일에 충실할 것만을 생각해야 마땅하지만 제 할 일을 모두 장인들에게만 맡겨 버리고 당초 크기보다 옷감 폭을 줄여 연결했는데도 이를 세밀히 살피지 않고 어대御帶의 금이 없어졌는데도 잡아내지 못했습니다. 심지어는 김원려金元呂를 수사하는 과정에서 자신은 옥중에 있으면서 자기에게 유리하게 진술해달라고 종용하기도 하는 등 그 교활한 심보는 비길 데 없습니다. 어찌 이런 자에게 매로 치는 형벌 대신 보석을 허락하여 석방하겠습니까? 다시 원 판결을 내린 당국으로 돌려보내 죄를 묻고 법에 의해 엄히 징계하여 뒷사람을 경계하소서.”

왕이 백환의 직위를 파면하고 나머지 사람들의 죄는 모두 논하지 말라고 명했다.

1430년(세종 12) 9월 1일

스캔들만 가지고
처벌할 수 없다

　왕이 영의정 황희, 좌의정 맹사성, 사간 배둔, 지평 이겸선을 불러들이고, 도승지 안숭선에게 명해 교지를 내렸다.

　"지난달에 대간이 상소문을 올려 '어리가於里加와 이의산李義山과 허파회許波回가 함부로 음란한 짓을 해서 윤리를 무너뜨리고 풍속을 어지럽혔으니 마땅히 극형에 처해 엄히 금하고 예방하는 뜻을 보여주십시오' 했으나, 역대의 일을 돌이켜 보면 궁궐 안에서도 윤리 질서를 파괴한 자가 있었으니, 그것이 어찌 법이 엄하지 않기 때문이겠소? 이 왕조가 창업된 이후에도 윤수尹須와 이귀산李貴山의 아내가 음탕하고 더러운 행위를 한 짓이 발각되어 사형을 받았으니 악행을 징계하는 법이 엄중하지 않은 것이 아니었소. 그 후에도 감동甘同, 금동今同, 연생延生 같은 자들이 잇따라 나왔으니, 남녀 사이의 정욕을 어찌 한갓 법령만으로 막을 수 있겠소이까? 또 상소문에 보면 '어리가는 조정에 출사한 선비의 아내로서 열거할 수 없을 만큼 음란한 행위를 했으니 마땅히 중형에 처해 윤리를 바로 잡으소서' 했으나, 군무를 추거나 악공으로 연주하던 자들과 관아에서 노비로 일하던 자들도 국가 제례의식을 거행할 적에 관직을 주었고 그들을 선비로 대우했는데, 혹시 이들의 아내 중에서도 음란 방탕한 행위를 한 자가 있다면 벼슬아치의 아내로 취급하여 처단해야 한단 말이오? 고려 왕조 말기에 사법을 집행하는 관리가 떠도는 소문만을 듣고 범인이라 하여 처단하는 바람에 옥석을 가리지 않아 폐단이 없지 않았는데, 우리 태조 대왕께서 즉위하여 풍문만을 듣고 범죄를 단정하여 처벌하는 일을 일체 금해 그 폐단을 고친 바 있소. 지금 어리가는 음란한 행위의 정황과 증거가 이미 드러났으니 죄에서 벗어날 수 없으나, 어리가의 진술서에 한 번씩 거론되었다고 하여 무조건 잡아들이면 그 부작용도 만만치 않을 것이오. 내 생각으로는 불문에 붙이는 것만 못하오."

이에 황희 등이 정거효鄭居孝의 아내는 법대로 처벌하기를 청했으나 왕이 허락하지 않았다.

1433년(세종 15) 12월 9일

어가에 호소하다

의정부에서 형조에서 올라온 안건에 따라 글을 올렸다.

"중국 명나라의 형법전인 〈대명률 大明律〉편에는 통상적인 소송 심급절차를 뛰어 넘어 왕에게 직접 글을 올리는 규정이 있는데, 우리가 참고할 만합니다. 거기에 보면 '만약 어가 御駕(왕의 수레)를 맞아 글을 올렸다가 사실이 아니라면 장 100대를 때리고, 사실이라면 죄를 묻지 않는다'고 되어 있습니다. 우리나라의 형법인 〈속형전 續刑典〉에는 '무릇 정치의 잘잘못이나 민생과 관련된 정책이나 그 집행에 관한 문제를 고하고자 할 때는 신문고 申聞鼓를 치고, 원통하고 억울한 일을 당했으나 이를 풀지 못해 호소하고자 할 때는 서울에 있는 자는 각 관할 관청에, 지방에 있는 자는 수령이나 감사에게 소장을 제출하고, 이 기관들에서 처리해주지 않으면 사헌부 등에 형식을 갖춰 고소한다. 만일 사헌부 등에서 처리하지 않으

세종

세종은 재위 34년 동안 조선의 기틀을 마련한 군주이자, 문화를 융성하게 한 군주였다.
(세종대왕기념사업회 소장)

면 신문고를 치도록 한다'고 되어 있는데, 가끔 무식한 무리들이 어가 앞으로 뛰어들어 호소하니 왕의 행차를 소란케 할까 염려됩니다. 이제부터는 어가 앞에서 고소하는 자는 시비를 묻지 말고 법을 위반한 책임을 물으소서."

왕이 그대로 따랐다.

1439년(세종 21) 윤2월 1일

털을 불어가며 흉을 찾다

사헌부에서 글을 올렸다.

"상과 벌이 제대로 시행되어야 선한 자는 위안을 얻고, 악한 자는 징계를 받을 것입니다. 이명신李明晨은 별다른 재능이 없는 자로 왕실 외척과 인척 관계가 있다는 이유로 벼슬이 재상에 이르러 지위가 높고 영화로움이 분수에 넘쳤습니다. 마땅히 낮과 밤으로 공경하고 두려워하여 전하의 거룩한 은혜의 만분의 일이라도 보답할 것을 생각해야 할 것입니다. 그런데 이런 일은 생각지 않고 지난번에 이손석李孫錫에게 같은 반열의 재상의 첩을 중매해달라고 부탁하면서 의복을 뇌물로 주어 성공을 약속했으니 음탕하고 의리 없는 행위가 이미 도를 넘었습니다. 그러고 나서 종묘에서 제사를 드리는 날에도 다시 이손석을 불러 중매 이야기를 꺼내면서 제멋대로 음란하고 더러운 일을 입에 올렸으니 몸과 마음을 닦아 신神

을 공경하는 뜻이 없음이 너무 명백합니다. 더구나 이손석은 아비 이손양李孫楊에게 중한 잘못을 저지르게 하여 가문을 패망시킨 자라 마땅히 멀리해야 할 것입니다. 이런 자와 도리어 친교를 맺고 있어 그때 형조에서 조사했더니 전하께서는 특별히 죄를 감하고 관직만 파면했습니다. 이때 신하들이 모두 죄에 비해 벌이 가벼워 실망했습니다. 그런데 이제 겨우 두어 달 지나서 다시 중추원中樞院의 관직을 제수하니, 무릇 이를 보고 듣는 자치고 놀라지 않는 사람이 없습니다. 관직은 어질고 능력 있는 이를 대우하는 것인데, 어찌 불경하고 불의한 사람에게 주겠습니까? 옛말에 '상주고 벌주는 것이 드러나지 않으면 무엇으로 권하고 막겠는가? 한 사람을 벌주어서 천 사람, 만 사람을 징계한다' 했는데, 이에 신들은 두 번씩이나 전하의 심기를 불편하게 하면서도 마음을 다해 충언을 올립니다. 하루 빨리 이명신의 작명爵命을 거두어 불경한 자를 징계하고 뒤에 오는 자를 경계하게 하소서."

이에 왕이 말했다.

"이명신의 행위는 법에 따르면 죄로서는 가벼운 것이고, 하물며 두 번이나 사면을 받았는데 만약 쓰지 않는다면 그만이지만 사람을 쓴다면 징계한 지 오래되었으니 지금 와서 중추中樞를 제수한 것은 빠르지 않소."

다시 지평 권지權枝가 말했다.

"이명신이 같은 반열의 첩妾과 간통하려 한 것도 이미 못된 짓인데, 하물며 종묘에서 재계齋戒하고 있으면서도 두 번이나 이손석을 불러 방자하게 음란하고 더러운 말을 했으니 이보다 죄가 클 수 없습니다. 이제 신들이 청하는 것은 새로 죄를 주자는 것은 아니고 다만 그 관작을 더해 주는 것이 불가하다는 것이니, 관직제수의 명을 거두어 주소서."

왕이 말했다.

"남이 이미 버린 첩을 거두어 가는 자가 많은데 어찌 이명신에게만 중한 죄를 줄 수 있겠는가? 경들이 말한 대로 몸과 마음을 닦아야 할 곳에서 방자하게 음란한 말을 했다는 것은 사실이지만, 이명신이 왕실 외척과 인척이 되었다고 하여 내가 사사로이 정을 베풀어 용서하는 것은 아니오. 죄인이 사면을 받았으면 다시는 지난 일을 논하지 않는 법인데 하물며 두 번이나 사면되지 않았소. 그런데 경들이 지난 일을 하나씩 들추어 털을 불어가며 흉을 찾으니 너무 각박하지 않은가."

1443년(세종 25) 9월 17일

사랑은 죄가 아니다

사헌부와 사간원에서 잇따라 이인과 김경재를 처벌하라는 글을 올렸다.

"상벌은 국가의 큰 통치원리이니 상이 공에 합당하지 않고, 벌이 죄에 맞지 않으면 무엇으로 장려하고 징계하겠습니까? 오늘날 이인과 김경재는 시녀 장미와 더불어 사사로이 사귀며, 그 모습이 죽은 첩과 같다고 하여 한 집안에서 잠을 자고, 서로 선물을 주고받으며, 그 집에 드나들었으니 이 불경한 죄는 법에 따라 목을 베고 용서할 수 없습니다. 9년 전에 일어난 이 추한 일이 어떻게 지금까지 숨겨지는 바람에 이들이 구차하게 목숨을 건졌습니다. 다행히 하늘이 그 죄를 미워하여 스스로 송사를 벌이는 과정에서 그 내용이 발각되어 사정이 모두 탄로났으니, 이제는 형벌을 바로 적용하여 위로 하늘의 마음을 본받고 아래로 백성들의 바라는 바에 부응해야 할 것입니다. 전하께서 생명을 중시하는 덕으로 형을 감경해 주셨으나, 이 왕조가 창업된 이래 신하로써 궁인을 가까이 하여 사람의 도리를 무너뜨린 자는 이 두 사람뿐이니 어찌 추호라도 용서가 되겠습니까? 옛말에 왕이 타는 말이 먹는 꼴을 발로 차도 죄가 된다고 했는데, 그 말 먹이 풀은 하찮은 것이나 죄를 준 까닭은 윗사람을 공경하는 마음이 없다는 것이니 이인과 김경재의 죄를 어찌 노마路馬(어가를 끄는 말)의 꼴을 발로 찬 데 비유하겠습니까? 큰 이치에 합당하게 결단을 내려 법에 따라 죄를 주어 백성들의 마음을 만족하게 하소서."

왕이 허락하지 않았다.

1444년(세종 26) 5월 9일

병영에서 애인과 함께 숙직하다

사간원에서 글을 올렸다.

"신하된 도리로는 공경하는 것보다 큰 것이 없으므로, 궁문을 지날 때는 반드시 빠른 걸음으로 걸으며, 궁문에 들어갈 때는 몸둘 바를 모르듯 숙이고 들어감은 공경의 뜻을 드러내기 위한 것입니다. 신하가 불경죄를 범하면 이는 큰 악행이니 나라의 법으로 처벌해야 합니다. 문승유文承宥는 그 직책이 궁궐문 주변의 수비와 치안을 담당하는 책임자로서 궁궐 출입에 엄히 지켜야 할 법이 있어야 함을 모르지 않을 터인데, 야간 근무하는 날 저녁에 계집에게 남자 복장을 입혀 남모르게 숙직실에서 데리고 자면서 거리낌 없이 방자한 행실을 했으니, 이렇게 제멋대로인 자가 장차 무슨 일인들 못하겠습니까? 마땅히 불경죄로 처단하여 그 죄에 상응하는 벌을 주어야 하는데, 재심할 때에 특별히 제일 낮은 형으로 줄여주니 신들은 분통이 터집니다. 문승유의 행위에는 아무리 봐도 정상을 참작할 만한 사유가 없습니다. 이런 행위를 처벌하지 않으면 어떻게 뒷사람을 경계하겠습니까? 문승유의 불경죄를 처벌하길 바라는 여러 사람의 한결같은 심정을 만족하게 하소서."

왕이 허락하지 않았다.

1444년(세종 26) 12월 21일

왕도정치에서 군주가 갖추어야 할 제일 덕목은 '인仁'이라 할 수 있다. 그리고 인이 현실에서 구체화되는 형식이 '충서忠恕'다. '인'이 본체라면, '충서'는 그 활용이다. 계급질서 내에서 '충'이 하급자가 상급자에 대해 갖추어야 할 덕목이라면, '서'는 특히 상급자가 지녀야 할 성품이다. 자공이 공자에게 평생토록 실천해야 할 바를 한마디로 말한다면 무엇이냐고 묻자, 공자는 그것은 '서'라고 대답했다. '서'의 구체적인 내용은 '자기가 하기 싫은 일은 남에게도 시키지 마라'는 것이다. 서恕는 같을 여如와 마음 심心의 합성어이다. 즉, '서'란 다른 사람의 마음과 같아짐을 의미한다. 다른 사람의 마음과 같아질 때 이해되고 용납할 수 있는 것이다.

주자는 이에 대해 주석을 붙이면서 '자기를 미루어 생각하는 것을 일컬어 서라 한다'고 해석한다. 맹자가 '인'을 구하는 방법과 다른 사람의 마음과 같아지는 방법으로서 '돌이켜 구하는 마음(반구심反求心)'을 말하는 것 역시 '서'를 말한다고 할 수 있다. 불세출의 명군 세종의 리더십의 핵심은 '서'에 있었다고 할 수 있다. 어찌보면 왕의 권위에 도전하는 일들도 그것이 국가의 안위와 관련된 것이 아니라면 툭툭 털어버리고 용서함으로써 군왕의 도량을 보여주었다. 이는 인간은 그 욕망과 이익 확대과정에서 상하와 귀천의 분별이 없고 다른 이들도 나와 동일한 욕구를 가진 존재라는 사실을 인식할 때만 가능하다고 할 것이다.

그러나 충서가 맹목적으로 될 경우 부작용도 크다. '인자한 자질로 배움이 없으면 어리석어지고好仁不好學 其蔽也愚, 용맹한 성격에 배우지 않으면 주변을 어지럽힌다好勇不好學 其蔽也亂'는 공자의 말이 아니더라도 배움이 없는 왕의 '서'는 국가질서를 문란하게 할 위험도 있다. 그런 점에서 평생 학문을 즐겨했던 세종은 참다운 '서'를 실천할 자격을 갖추었다고 할 수 있다. 실록은 세종의 리더십의 근원 중 하나를 유교 경전에 대한 깊은 연구라는 사실을 보여준다.

세종은 학문을 텍스트 속에 매몰되어 있는 것이 아닌 당시의 현실 문제를 해결하는 방편으로 삼으면서도 이를 진리의 현현으로 절대화하지 않았고, 정치적 필요성에 따라 상대적·도구적으로 사용할 줄 알았다. 그렇기에 세종은 용납할 것과 용납하지 않아야 할 것의 각 영역에 대한 분명한 기준을 갖고 있으면서 융통성도 발휘했다. 그리고 그 융통성의 대부분은 사적인 영역에서, 개인의 욕구와 필요를 인정하는데서 발휘되었다. 한마디로 세종의 리더십은 관용이었고, 그 관용은 끊임없는 탐구와 사색을 통해 균형을 유지했다. 한편 태종에 얽힌 이야기는 세종의 이런 성품과 자질이 아버지의 그것과 무관하지 않다는 점도 보여주고 있다.

왕의 도덕적 수양에 대한 강조는 단순히 수사학적인 의미만을 갖는 것이 아니라 통치자에 대한 진정성 있는 도덕적 의무로서 정무와 치국에서 실질적인 책무를 부과하고 심리적인 압박을 가하는 제약기제로 작용되었고, 그런 점에서 조선시대를 유교적 법치주의와 유교적 입헌주의라 불러도 무방하다고 할 수 있다.

최고통치자인 군왕의 도덕적 수양은 통치 권위의 획득을 위한 거의 절대적인 필요조건이 되었다. 그래서 조선 개국 직후부터 신료들은 날마다 경연 개최를 청했으며 왕이 핑계를 대며 경연을 미루고자 할 때마다 왕을 비판하여 경연에 참여하기를 종용했던 것이다. 경연은 경학과 역사만을 진강進講하는 자리는 아니었다. 왕이 경학을 공부하면서 신료들과 국사를 논하고 심의하는 자리이기도 했다.

세종은 경연에서 집현전 학사들과 경사를 토론했다. 말년에 질병과 세자의 대리청정 등의 이유로 중단하기까지 23년간 약 1,898회를 실시한 것으로 기록에 나타난다. 세종 이후 왕위 계승과 관련하여 정변이 일어나는 등 어수선한 정치 상황으로 인해 경연은 제대로 실시되지 못했다. 경연이 다시 본 궤도에 오르게 된 것은 성종 대에 이르러서였다. 성종이 즉위한 뒤 집현전의 후신인 홍문관을 만들면서 조강, 주강, 석강 하루 3번씩 경연이 이루어졌다. 여기에 야대夜對라고 하여 경연관을 밤에 불러 함께 공부하기도 했다. 따라서 왕의 일과 중에서 경연이 차지하는 비중이 가장 컸다고 해도 과언이 아니다.

특이한 것은 유교의 정치이념에서 재이災異는 하늘이 군주에게 보내는 경고로 인식되었다는 사실이다. 군주는 하늘을 대신해서 만물을 다스리는 '대천리물代天理物'의 존재였고, 만물을 다스릴 때는 백성을 편안하게 양육하겠다는 '안민安民'의 마음가짐이 중요했다. 따라서 재이가 발생했다는 것은 군주가 안민의 책임을 다하지 못한 셈이 된다. 자신의 책임을 회피하지 않은 태종은 재이를 부른 원인이라 여겨지는 사항들을 구체적으로 들면서 자책했다. 기상 재해를 만나 왕이 아랫사람들의 말을 가감없이 듣고자 내리는 구언교지求言教旨는 군주 스스로 반성하면서 백성에 대한 지배방식을 백성의 처지에서 고치려는 의지를 선언적으로 표현한 것이라 할 수 있다.

제2장

관리의
예의와 염치

전과 기록을 훔쳐내다

사간원에서 글을 올렸다.

"판관의 직임을 맡은 자가 법에 없는 일을 하고 동료 판관을 꾀어 범죄 기록을 없애려 하는 행위는 나라의 법에 비춰 용서할 수 없는 행위입니다. 현재 보관되어 있는 형조의 공문서와 실무자가 작성한 서류를 살펴보면, 지의정부사 이첨李詹은 1393년과 1394년 사이에 이흥무와 더불어 고려 왕실 후손들의 운수를 여러 번 점치다가 발각되는 바람에 유죄 판결을 받은 기록이 형조에 보관되어 있었습니다. 이 범죄 기록을 보관하고 있던 까닭은 뒷사람을 경계하기 위한 것인데, 형조전서 이사영 등이 이첨의 꾀임을 받아 그 판결문을 훔쳐내고, 관아의 심부름꾼에게 몰래 이첨의 집으로 보냈으니, 그 간교한 마음을 품고 법을 무너뜨린 사실을 듣는 사람치고 이를 감지 않는 자 없습니다. 그뿐만 아니라 박돈지朴惇之가 일찍이 간통죄로 고소되어 그 죄가 기록에 남아 있는데, 이사영 등이 오직 박돈지의 말만 듣고 그 기록을 찾아내 박돈지의 이름 위에 손수 진한 먹으로 동그라미를 쳐서 지웠으니 법을 맡고 있다는 자의 행실이 이럴 수는 없습니다. 이첨과 박돈지는 모두 문장과 배움에 능한 유학자지만, 이첨은 반역을 모의하는 죄를 범하고 박돈지는 간사한 짓을 하여 오랫동안 사람들 사이에서 배척되다가 다행히 왕의 은혜를 입어 벼슬이 재상의 반열에 이르렀습니다. 마땅히 충의忠義에 힘써서 직책을 다하고 불의와 거리를 두며 법을 지켜야 할 것임에도 몰래 이사영 등을 꾀어 전과 기록을 훔쳐내어 제 집에 감춰두고 그 자취를 없애 죄명을 후세에 전하지 못하게 하는 데만 급급했습니다. 형부에서 범죄 기록을 남겨둔 것은 그 악한 것을 기록하여 풍속을 징계하자는 것인데, 이사영 등은 기록을 훔쳐내 지우게 하고, 이첨과 박돈지는 법을 어지럽히려고 음모했습니다. 모두 그 관할 기관에 내려 직첩을 거두고 국문하여 죄를 밝혀서 뒷사람을 경계하소서."

1404년(태종 4) 5월 15일

종로에 익명의 유인물이 붙다

좌정승 하윤河崙이 글을 올려 사직을 청원했는데, 이는 종로 일 대를 비롯한 시내에 익명으로 '이 가뭄은 하윤이 그 자리에 있어 행정을 하기 때문이다'라는 유인물이 여기저기 붙어 있었던 까닭 이다. 왕이 하윤의 사직 상소문을 보고 그에게 말했다.

"사직을 청하는 경의 언사가 지극히 절실하여 내 마음이 감동되 었소이다. 내가 이에 답하는 글을 쓰고자 하나 입에서 말이 나오려 해도 다 표현하지 못하고, 신하에게 대필하도록 한들 어찌 내 속마 음을 그대로 써낼 수 있으리오. 내가 보건대 천재지변은 그대의 허 물이 아니오. 지금 비가 오지 않는 까닭은 실로 그 죄가 나에게 있 지 어떻게 정승에게 있겠소이까? 재작년 여름에도 경은 가뭄이 오 래 계속된다 하여 굳이 사임을 청했으나, 얼마 되지 않아 도리어 홍수가 났는데, 오늘날의 가뭄은 그대 때문이 아님이 분명하오. 남을 비방하는 유언비어는 진실로 내가 믿지 않는데, 경은 어찌 스스로 움츠러 들고 피하려 하는 것이오? 중국에서 온 사신의 행차가 서울에 도착할 때가 되었고, 세자가 이미 나이가 차 혼사를 하려 하는데, 경이 조정에 나와 그 일을 나와 함께 의논해야 하니 사직을 고집하지 말고 나를 보필하도록 하오."

1406년(태종 6) 윤7월 4일

공신도 무서워하는 세금

사헌부에서 글을 올려 지의정부사 김승주金承霔의 죄를 청했다.

"처음에 김승주가 말하기를 '강원도 평강현에 사는 신의 집안 노비가 호소하길 '경작하는 밭이 5결結밖에 안 되는데, 중앙에서 파견된 관리가 측량하여 이를 고쳐 25결로 올려놓았다' 했습니다. 이에 신이 말하길 '네 논밭이 명목상으로는 비록 5결이지만 그 중에 더 경작한 것이 있지 않은가? 아니면 원래부터 5결이 넘었는데도 그렇게 말하는 것이 아닌가?' 했더니, 노비가 대답하길 '제가 어찌 감히 속이는 말을 하겠습니까?' 했습니다."

왕이 대사헌 성석인成石因에게 눈짓하며 말했다.

"사실이 그렇다면 경차관의 죄를 용서할 수 없도다. 내가 새삼 명을 내리지 않더라도 사직당국에서 어찌 가만히 놓아두겠소?"

사헌부의 지방 담당 감찰인 유면俞勉을 보내 사실관계를 파악하도록 했다. 유면이 돌아와서 말했다.

"김승주의 말은 사실이 아닙니다."

사헌부에서 아전들을 보내 김승주의 집을 지키게 하고 수차에 걸쳐 김승주가 왕을 속인 죄(무망죄誣罔罪)에 대해 탄핵했으나, 왕이 공신이라 하여 특별히 용서했다.

1407년(태종 7) 5월 16일

사신인가? 장사꾼인가?

우사간 박관朴冠 등이 글을 올렸다.

"신하된 자는 집에 머물 때는 청백과 검소함으로써 스스로 마음을 닦고 기르며, 사명을 받게 되면 예의로써 올곧음을 지켜 불의에 빠지지 않도록 하여 왕의 명을 시행할 적에 욕이 돌아가지 않도록 해야 합니다. 그렇기에 옛날부터 사신은 성실하고 미더운 사람들을 골라 동행하고 자문을 하면서도 늘 부족하다고 느꼈습니다. 그런데 오늘날 사신들은 이런 법도를 생각하지 않고 돈과 물자를 가지고 가서 장사를 하고, 심지어는 동행시켜야 할 관리 대신 뇌물을 받고 상인들을 데리고 가서 사사로운 잇속을 챙기며 나라 망신을 시키고 있습니다. 이런 무리를 다 죽여 없앤다 하더라도 동방예의지국의 체신은 말이 아닙니다. 지금 나라에서 사신을 보낼 때마다 그 여비를 넉넉하게 주어 비용을 충당해주는데, 무엇 때문에 사화私貨의 수량을 정해 밀무역의 폐단을 가져오게 한단 말입니까? 평안도의 호위군사들에게는 한 사람마다 개인용 삼베 10필씩을 가지고 무역하도록 허용했다고 합니다. 그러나 원래 평안도 지방이 베가 많이 나는 곳이 아니어서 서울의 부자 상인들이 삼베와 다른 물건들을 많이 준비해 사신보다 먼저 평안도에 가 있다가 그들에게 팔아다 주면 그 수익을 나눠갖기로 하여 물건을 위탁하기도 하고, 때론 그 이름을 빌려 대신 중국에 가서 장사를 마음껏 한다고 합니다. 사신의 법도에 어긋나고, 나라의 기강이 흐트러지는 일입니다. 이제부터는 사신의 직임을 받은 자와 그 동행관리들과 호위군사들이 사사로이 가지고 가는 베와 물건들을 일절 금하십시오. 서장관書狀官에게는 항상 모든 길에서 이루어지는 비루하고 잘못된 일들을 기록하도록 했다가 귀국하면 그 문서를 올리게 하소서. 여기에서 법을 범한 자가 있으면 장물죄臟物罪로 처벌하도록 하십시오. 한편 이러한 폐단을 없애기 위해서는 반드시 그 근원을 조사하여 뿌리를 잘라야 하는데, 먼저 사치 풍조를 금해야만 합니다. 고급 비단이라도 겉보기만 아름다울 뿐이요, 그 용도와 기능은 조선의 삼베와 다름이 없는데, 나라의 법을 버젓이 어기면서도 이익을 도모하는 까닭은 그 수요가 있기 때문입니다. 따라서 이제부터 고급 비단은 궁중에서만 쓰고 2품 이상과 일반 부녀자들은 그 사용을 금해 검소한 풍습을 만들도록 해야 할 것입니다."

1423년(세종 5) 11월 9일

생선 눈깔인가? 진주인가?

예문관 대제학 변계량 卞季良 등 10인이 글을 올렸다.

"전하께서 의정부, 육조, 대간에 명하여 날마다 모든 일을 진언하게 하고 정치하는 길에 자료로 삼으니 총명을 넓히고 아랫사람들의 사정을 두루 알기 위한 거룩한 일입니다. 그러나 모든 신하들이 능히 그 성심을 자세히 받든다고는 감히 말할 수 없습니다. 옛날 어느 왕이 피리 부는 일을 좋아하여 피리 부는 자 300명을 모아 놓았더니 그 중에 전혀 피리를 불 줄도 모르는 자가 왕의 눈에 들기 위해 피리에 입만 대고 벙긋대었다는 고사가 있습니다. 지금도 여러 신하들 중에는 남들 속에 대충 섞여 하릴없이 나아갔다 나아오는 자도 있으니 생선 눈깔이 진주에 섞이는 일이 왜 없겠습니까? 예전 왕조들의 전성기를 보면 신하들이 차례로 왕을 마주 대해 답하는 풍속이 있었으니 이렇게 하면 전하의 총명이 더욱 넓어지고,

경복궁 근정전

조선시대 양반은 동반(문반)과 서반(무반)을 말한다. 경복궁 중앙에는 삼도三道가 있는데, 가운데 넓고 높은 길이 어도御道이고, 동쪽은 문관이 이용하는 길이며, 서쪽은 무관의 길이다. 그 옆에는 관원의 품계를 나타내는 품계석이 있는데, 동쪽이 동반의 자리이며, 서쪽이 서반의 자리이다.

혹시라도 탁월한 의견이 중간에 막혀 올라오지 못하는 폐단이 없어질 것이며, 아울러 각 신하의 현명하고 어리석은 사람됨을 밝게 비춰 보실 수 있을 것입니다. 4품 이상의 관리에게 날마다 차례로 대답하게 하며 더욱 말할 길을 넓히고, 여러 신하의 사특하고 정직함을 살피면 매우 좋겠습니다."

이에 왕이 동반東班은 4품 이상, 서반西班은 2품 이상이 매일 들어와서 대답하라고 했다.

1425년(세종 7) 6월 23일

왕이 임명한 병조판서가
낙마한 까닭

왕이 3월 6일 이발李潑을 병조판서로, 한혜를 병조참의로 임명한 바 있는데, 이에 대해 좌사간 허성許誠이 글을 올렸다.

"청렴하고 부끄러움을 아는 기풍은 키우지 않으면 안 되고, 사사로이 이익을 구하는 버릇은 잘라내지 않으면 안 될 것입니다. 병조판서로 제수받은 이발은 지난번 중국에 사신으로 갈 때 특산물을 바리바리 싸 들고 가서 멋대로 장사를 했으니 자못 염치가 없는 일입니다. 또 태종께서 돌아가셔서 중국에 알리러 갈 때에도 마른 고기를 갖고 가면서 먹었으니 신하로서 슬퍼하는 정이라곤 없었습니다. 한 나라의 신하가 되어 이미 그 행위에서 염치를 잃었고, 충의를 저버렸습니다. 그래서 두 번이나 사헌부의 수장 물망에 올랐으나 조정의 반대 여론이 심해 그 벼슬을 하지 못했습니다. 그래서 이발을 병조판서에 제수하는 명이 있었으나 신 등은 그 불가함을 말한 바 있었고, 그를 추천하는데도 감히 심의하여 서명하지 않았습니다. 며칠 전 신 등은 서경署經*하라는 명을 받아 이리저리 생각해 봤으나 이발이 저지른 행위가 워낙 가볍지 않습니다. 청렴하며 재능이 있어 그 직책에 합당한 사람으로 바꾸어 뭇 신하들의 기대를 저버리지 않으면 바랄 것이 없겠습니다."

왕이 허락하지 않고 말했다.

"서경을 하는 경들로서는 옳은 말이오. 그러나 이발은 포목을 갖고 가서 물건을 사온 것인데 나도 이미 알고 있고, 그뿐 아니라 북경에 가는 관원들이 모두 그렇게 했소. 마른 고기를 싸간 것도 어찌 혼자 먹을 요량으로 그리했겠는가? 필요한 사람이 있으면 나눠주기 위함이었으니 그 사람됨이 본래 충성스럽지 않아서 그런 것이 아니오."

이에 우헌납 정갑손鄭甲孫이 대답했다.

"전하의 말씀도 일리가 있습니다만, 서경하는 법이 생기기 전에도 이런 자는 징계했는데 지금은 분명히 서경제도를 두었으니 어찌 이에 따라 조치를 취하지 않을 수 있겠습니까? 병조는 인사권과 함께 군사기밀을 다루고 있는 부서라 그 책임이 적지 않습니다. 이발과 같이 의리가 없는 사람은 하루라도 그 자리에 있게 할 수가 없습니다. 만일 소신에게 이발에 대한 추천을 명하실 생각이라면 아예 서경하는 법을 폐지하소서"

* 조선시대에 관리를 임용할 때 대간에서 심의하여 동의해주는 고신 서경告身署經과 예조의 의첩을 거친 의정부의 의안에 대해 심사하여 동의해주는 의첩서경依牒署經이 있다. 서경에서 '서'는 '서명'을, '경'은 '거친다'는 뜻이다.

왕이 말했다.

"그렇게까지 할 것이야 있겠는가?"

정갑손이 다시 말했다.

"조말생이 오랫동안 병조의 책임자로 있었는데, 염치 없는 짓을 많이 했기 때문에 얼마 전 전하께서 그 죄를 밝히고 파면하여 백성과 신하가 모두 기뻐하며 흐뭇해 했습니다. 그런데 이발을 병조의 책임자로 그냥 놔두면 사람들이 실망할 것이 뻔합니다. 이발 외에도 어찌 적당한 인물이 없겠습니까?"

이에 왕이 말했다.

"이제는 다시 말하지 마라."

정갑손이 말했다.

"소신이 간관이 아니면 모르겠으나 기왕 간관의 직책에 있는 이상 감히 어떻게 잠자코 보고만 있겠습니까?"

1426년(세종 8) 3월 15일

옷 색깔을 함부로 하지 마라

사간원에서 글을 올렸다.

"검소를 숭상하고 사치를 버리는 것은 나라를 다스리는 좋은 규범이므로 사치를 금하지 않을 수 없습니다. 지금 위로는 높은 벼슬에 있는 자들부터 아래로는 노비에 이르기까지 자색紫色 옷 입기를 좋아하니, 이로 인해 베 한 필을 자색으로 염색하는 데 그 값이 베 한 필만큼 됩니다. 이는 물감으로 쓰는 붉은 꽃과 풀이 비록 우리나라에서 나기는 하지만 극히 희귀하고, 붉은색 나무는 모두 왜국의 상인들이 가져오는 수입품이기 때문입니다. 지금 서로 앞다투어 사치하니 높고 낮음의 분별이 없을 뿐 아니라 물가가 뛰어 걱정하지 않을 수 없습니다. 지금부터는 그 자색 염료는 나라의 관복에 쓰기 위해 진상하는 경우와 대궐 안에서 소용되는 것 외에는 일체 엄금하고, 홍색으로 물들인 안감은 문무의 각 품계를 받은 관리와 사대부 자제의 의복에만 쓰도록 하고, 각 관청의 말단 관리와 지방 관사의 향리, 상공업자, 노비 들은 이를 입지 못하도록 금해 사치를 근절하고 위아래를 구분할 수 있도록 해야 할 것입니다."

이에 왕이 3년 뒤부터 자색 사용을 제한하도록 명했다.

1427년(세종 9) 2월 19일

황희, 법을 굽히다

사헌부에서 글을 올렸다.

"좌의정 황희는 의정부에 앉아서 이백견을 시켜 사법책임자인 그 아버지 이심에게 '태석균太石鈞의 죄가 불쌍하다'는 말을 전하게 했으니 이는 태석균의 죄를 가볍게 하기 위해 힘을 쓰려 했던 것이 분명합니다. 태석균은 감목관監牧官(지방의 목장을 감독하는 직임)을 맡고 있으면서 그 책임을 다하지 못해 나라의 말을 천여 마리나 죽였으니 그 죄가 가볍지 않습니다. 그렇지만 황희는 모든 관리의 우두머리인 좌의정에 있으면서 전하의 팔다리가 되어 공정하게 모든 벼슬을 총괄해야 할 자가 이런 임무에는 소홀하고 법을 맡은 사람에게 줄을 대어 청탁을 공공연히 하면서 옳고 그름을 뒤바꾸어 나라의 법을 어지럽히고 있으니 대신大臣의 자격이 없습니다. 전하께서는 법에 따라 황희를 벌주어 나라의 법도를 바로 세우소서"

왕이 말했다.

"경들의 상소가 옳지만, 대신은 가볍게 죄를 줄 수 없는 법이오."

정갑손이 말했다.

"과실로 한 말이라면 용서할 수 있겠으나 고의로 저지른 죄인데 어찌 대신이라 하여 용서하겠습니까? 대신이 고의로 법을 어겼다면 더욱 확실하게 꾸짖어야 합니다. 황희가 전에 자기 사위인 서달徐達의 죄에 관해 청탁을 넣어 전하께서 용서한 일이 있는데, 이번에도 고의로 이런 행위를 한 것은 지난번에 따로 책임을 묻지 않은 까닭에 아예 습관이 된 때문입니다."

왕이 말했다.

"황희의 말은 사건을 빨리 처리하라고 한 것이지, 법을 굽히려는 데 그 뜻이 있었던 건 아니오."

정갑손이 다시 말했다.

"지금 문서를 보면 황희가 이백견에게 이르기를 '태석균의 죄는 용서해도 되지 않겠는가' 했으니 이게 법을 굽히는 것이 아니고 무엇입니까? 또 정권의 요직에 있는 대신이 몰래 해당 관청과 통해 사적으로 서로 청탁하는 버릇은 절대 키워서는 안될 것입니다. 전하께서 대신은 함부로 죄를 줄 수 없다고 하나, 신이 생각하기에는 옛날부터 대신이 죄가 있을 때는 다만 극형이나 모욕적인 형을 집행하지 않는 것뿐이요, 파면이나 유배형은 전부터 있었으니 황희의 직책을 거두어 나라의 법을 바로잡아 주기 바랍니다."

왕이 말했다.

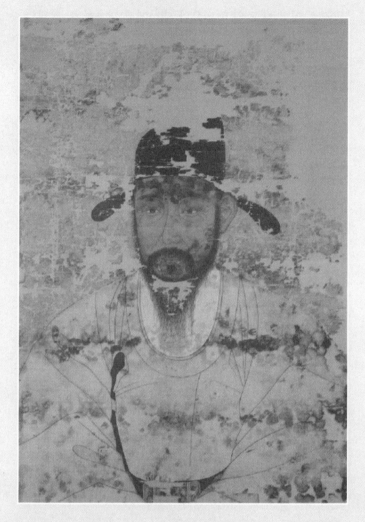

황희

고려 말에서 조선 초기까지 왕들의 신임을 받으며 명성을 날렸다. 하지만 우리에게 청
백리라고 알려진 황희도 청탁을 하거나 비리를 저질렀다는 기록이 있다. (서울역사박물관
소장)

"그것은 이미 나도 알고 있으나 대신에게 경솔히 죄를 과할 수는 없지 않겠는가?"

1430년(세종 12) 11월 21일

농부의 작은 이익까지 탐하지 마라

좌사간 김중곤金中坤 등이 글을 올렸다.

"청렴함과 부끄러움은 신하된 자가 마땅히 힘써 품어야 하고, 탐욕스러움으로 벼슬을 더럽히는 행위는 나라의 법으로 마땅히 징계해야 합니다. 비록 벼슬이 낮은 자가 이를 범했을지라도 종신토록 흠이 되어 조정에 다시 들어설 수 없는데, 하물며 수상대신首相大臣(대신들 중의 으뜸인 대신)은 말해 무엇합니까? 영의정 황희는 일찍이 좌의정으로 있으면서 공의를 생각하지 않고 파주 교하 일대의 둔전屯田을 개간한 공을 내세워 그 땅 일부를 차지한 것으로도 모자라 종의 이름으로 소송을 제기하게 하여 남은 땅마저 다 얻었습니다. 옛 중국 노魯나라의 한 정승이 아내가 베틀을 놓고 비단을 짜는 것을 보고 화가 나 베틀을 던지고 아내를 꾸짖었으며, 마당에 심어 놓은 아욱을 보고 크게 성을 내어 이를 전부 뽑아 버렸습니다. 그러면서 그는 '내가 나라에서 녹을 받아먹는데 어찌하여 집안에서 비단을 짜고, 아욱을 심어 그게 아니면 살 길이 없는 길쌈하는 여인네와 농부의 작은 이익까지 탐하느냐' 하는 고사가 있습니다. 같은 정승이라도 이렇게 다를 수가 없습니다. 그런데 전하께서 그를 파직한 지 한 해가 되지 않아 갑자기 백관의 윗머리에 두고 또 세자의 스승을 겸하게 하니 황희는 거만스레 직첩을 받아 뻔뻔스럽게도 부끄러워하지 않습니다. 황희는 정치를 의논하고 하늘의 뜻을 받들어 조화하는 직책과 세자를 북돋아 기르는 임무에는 진실로 적당하지 못합니다. 전하께서는 그 벼슬을 파면하여 신하들과 백성의 바라는 바를 이루어 주소서."

이에 왕이 말했다.

"내가 경들의 말이 솔직하고 마음이 진실하여 숨김이 없음을 가상하게 여기오. 그러나 경들이 말하는 황희의 일은 모두 모호하여 확실하지 않으니 파직함이 오히려 도리에 맞지 않소이다. 그리고 나라를 다스리는 대신을 어찌 작은 과실로 가볍게 끊을 수 있으리오. 그리고 황희가 세자의 스승이 된 것은 예전부터 그랬던 것인데 어찌 지금에 와서 안 된다고 할 수 있겠는가?"

간원이 두 번 더 청했으나 왕은 허락하지 않았다.

1431년(세종 13) 9월 8일

생대구 두 마리를
뇌물로 받았다?

대사헌 신개申槪가 글을 올렸다.

"형조에 최치崔値가 제출한 진술서에 의해 소신이 전에 강원도 고성에 있을 때 최치에게서 생대구 두 마리를 받았다고 탄핵하는 바람에 황공하고 부끄러워 집에서 처분을 기다리고 있던 중에 전하에게서 원래 직임職任에 돌아가라는 명을 받았습니다. 신이 비록 재주가 없는 자이나 풍습과 도덕의 기강을 바로잡는 관리들의 수장이 되어 황당하게 무고를 당해 참고 있을 수 없어 죽음을 무릅쓰고 성상의 위엄 앞에 말을 꺼내니 송구하고 두렵습니다. 신의 진술은 형조에서 올려드린 탄핵문 초안에도 상세히 기록되어 있으나 다시 한 번 말씀을 드립니다. 최치의 진술이 근거없는 무고라는 이유는 이렇습니다. 신은 처음 저에 대한 탄핵문서를 보고 그 사실을 기억할 수 없어서 혹시 제 집안 식구들 중에 최치에게서 생대구 두 마리를 받은 자가 있는지 확인해 보았는데 아무도 없었습니다. 혹시 제 이름을 빌려 부정한 행위를 한 자가 있는가 싶어 일가친척을 상대로 두루 조사했으나 찾아내지 못했습니다. 단지 신의 사촌 형님 신정도申丁道의 집안 종으로 망달亡達이란 자가 있는데, 그가 지난 몇 해 동안 강원도로 다니면서 장사를 하면서 최치와 어떻게 인연이 있어 고성에 며칠 동안 묵었다고 합니다. 망달이 5월 1일에 하직 인사를 드리니 최치가 생대구 두 마리를 주면서 말하기를 '먼 길 가면서 탈나지 않도록 길 위의 귀신에게 제사하는 데나 쓰라'고 했습니다. 망달이 이를 받아가지고 오다가 길가의 어느 성황당에 들러 한 마리를 쓰고, 또 회양이라는 동네에 아는 사람을 만나 한 마리를 주었는데 그때 그 자리에 같이 있던 사람 몇이 있었습니다. 그렇다면 그 물고기는 따로 받은 사람이 있고 신과는 아무 관계가 없으니, 최치의 진술이 터무니없는 이유의 한 가지입니다. 또 생선은 썩기가 쉬운데 고성에서 서울까지 열흘이나 걸리는 길에 한여름 5월의 더위에 생물 고기를 들려보내 신에게 보낸다는 것이 도무지 사리에 맞지도 않으니, 이것이 최치가 무고했다는 두 번째 이유입니다. 정말 앞뒤 동네에 사는 스스럼없이 지내는 친척 간이라면 변변치 못한 물건이라도 서로 정으로 주고받는 인사가 됩니다. 하지만 최치가 만일 소신에게 뭔가를 아첨하면서 은근한 뜻을 전한다면, 강원도 고성은 특산물이 많으니 괜찮은 물건으로 보내지 이렇게 수백 리 먼 길에 생선 두 마리를 달랑 서울의 벼슬아치에게 보내겠습니까? 선물을 하지 않으면 안 했지 이러한 처사는 상식에 반합니다. 최치의 말이 무고에 해당하는 세 번째 까닭입니다. 마지막으로 최치와는 본디 한 번도 본 적이 없으며 집안 안팎의 혼사 등으로 연결된 아무 인연도 없습니다. 최치가 생선을 보냈다는 그즈음에 신은 관직을 그만두고 한가하게 있던 몸이어서 한 가지라도 베풀 권한이 없었으니 더더욱 뇌물을 주거나 받을 지위에 있지도 않았는데, 이것이 최치의 말이 사리에 맞지 않는 네 번째 이유입니다. 신은 이 사건이 밝혀내기 어려운 일이 전혀 아니라고 생각합니다. 최치를 불러내어 망달과 함께 신문하고 그때 있었던 자들을 불러내어 대면시키면 여러 말도 필요없이 단번에 실정이 드러날 것입니다. 그래서 신이 형조에 신속하게 조사해달라고 몇 번이나 독촉했으나 형조에서는 조사를 미루고 나라의 사면 전에 있었던 일이라 어차피 처벌될 일이 아니니 귀찮게 조사할 필요가 없다고 하여 캐묻지도 않아 사건이 묻히는 바람에 모호하게 되었습니다. 풍헌風憲(사법기관의 구성원)은 남들이 다 주목하고 있는 자리이므로 비록 누가 지나가는 말로 은근하게 비꼬더라도 직위에서 물러나게 한 다음 사실관계가 밝혀지기를 기다려야 할 것입니다. 그런데 지금 최치의 말은 주었다는 물건이 비록 심히 작은 것이기는 하나 터무니없는 모함임이 들어났습니다. 그러나 이미 전하께 보고되었고 여러 사람에게 전파되었으니 남을 모함하려는 무리들이 업신여겨 '뇌물을 받은 사실이 발각되었는데 대사헌의 자리에 있다는 이유로 사면을 받았다'고 할 것이니, 신이 어찌 억울한 사정을 일일이 사람에게 해명할 수 있겠습니까? 또 어찌 부끄러운 얼굴로 다른 관리들을 살필 수 있겠습니까? 전하께서는 신의 모욕 당함을 불쌍히 여기고 직임에서 벗어나게 해주면 큰 다행이겠습니다."

그러나 왕이 허락하지 않고 계속 직무를 수행하도록 명을 내렸다. 신개가 아뢰었다.

"형조에서 이미 사실관계를 조사해 밝혀냈으면 직임을 수행해도 되겠지만, 사실관계에 대한 조사 없이 사면을 받았으니 사람들의 입에 오르내릴 의심을 지울 수 없습니다. 풍헌의 임무는 직책이 백관百官(모든 벼슬아치)을 살피고 다스리는 데 있으므로 이런 의심을 가지고는 일을 할 수 없으니 다른 사람으로 바꾸어 주기를 다시 청합니다."

왕이 말했다.

"아무런 거리낌을 가질 필요 없으니 그냥 직무를 계속 하도록 하라."

1432년(세종 14) 7월 4일

군공을 가로챘다가 들통나다

사헌부에서 글을 올렸다.

"속이는 행위는 신하의 큰 죄이고, 상벌은 국가의 큰 일입니다. 기망행위가 있었는데도 징계하지 않고, 상벌이 분명하지 못하다면 착한 일을 하는 자를 무엇으로 권장하며, 악한 짓을 하는 자를 무엇으로 꾸짖겠습니까? 이온李韞은 2년 전 그 형의 연줄로 오랑캐를 토벌하는 일에 참여해서 적의 머리를 베지 못했는데도 상을 타낼 궁리를 했습니다. 그래서 스스로 공적을 써서 억지로 소대장 이사영李思榮에게 확인서명을 하게 하고 관아의 잔심부름꾼인 박득린朴得隣을 꾀어 거짓 증명한 뒤 그 형에게 보고하여 외람되게 벼슬과 상을 받았습니다. 하늘을 속이고 왕을 속인 것이 이보다 심할 수 없습니다. 결국 밝은 하늘의 도리에 의해 마침내 일이 탄로되어 전하께서 의금부에서 처결하도록 명하니, 조사하여 그 죄가 장杖 100대에 해당되었으나 전하의 특별한 은혜로 벌을 면하게 되었으니 신들은 유감으로 여깁니다. 대체로 염치와 정직은 신하의 큰 절개인데 만일 신하가 되어서 이것이 없다면 그 죄를 논하여 절개를 장려해야지 어찌 가볍게 관작官爵을 주어 조정에 참여하게 하는지요. 이온이 전에 선공감繕工監(영선營繕과 토목을 관장하는 부처)의 일을 맡았을 때 연산 지방에서 공물을 바치려는 자들에게서 돈을 받고 자신이 공물을 대신 사서 납부하면서 중간에서 이익을 남겨 먹으려 하다가 발각되었습니다. 선비들이 이것을 비루하게 여기는 바이니 이것만으로도 징계하기에 족합니다. 그런데 이제 또 형의 힘을 믿고 조정을 속여 갑자기 높은 벼슬에 올라 자족하며 부끄러움을 알지 못하니 그 청렴하지 않고 정직하지도 않은 죄악에 비춰 보면 참으로 형편없는 소인 중의 으뜸가는 자입니다. 전쟁터에 나갔다 들어오는 수고가 있다 한들 어찌 속죄가 되겠습니까? 도절제사 이천李蕆은 병권을 행사하는 정승 반열의 대신으로서 나라의 한쪽을 전담하여 군사를 거느리고 오랑캐를 토벌하는 직위에 있는 만큼 마땅히 전하의 뜻을 받들어 공정하게 부하 장수들 사이에 공로의 높낮이를 재어 상벌을 분명하게 보여주며, 병졸들을 격려해야 할 책무가 있습니다. 그러나 전장에서 개선하여 돌아오는 날 김여언金呂彦, 김호지金好知, 거마대巨麿大 등이 어전에서 공로를 다투는 중에 침묵을 지키고 있다가 이온도 따라 나서서 공을 다투니 그제서야 '실은 거마대의 공이다'고 했습니다. 이는 공의 유무를 몰랐다기보다는 군공軍功을 등급 매길 때 공평함을 잊고 제 마음대로 올리고 내려 상벌의 정당함을 잃게 했으니 왕을 속이고 사사로운 정에 따른 행위가 극에 달했습니다. 이런 걸 참고 용서하여 싹을 자르지 않으면 요행을 바라고 거짓을 꾸미는 무리가 계속하여 일어나 장차 걷잡을 수 없게 될 것이 염려됩니다. 전하께서는 단호한 결단을 내려 이온에게 법에 따른 형벌을 집행하게 하고, 이천을 사직당국에 국문하게 해서 죄를 주심으로써 왕을 속이는 조짐을 막고, 거짓으로 둘러대는 풍속을 끊어내소서."

왕이 허락하지 않았다.

1439년(세종 21) 2월 23일

첩이 사주했습니다

사간원에서 글을 올렸다.

"지난번 고득종이 호조참의로서 어명을 받들어 중국에 사신으로 다녀온 적이 있습니다. 그 막중한 임무를 맡기신 전하의 뜻은 생각하지 않고 상으로 줄 물건들을 자기 마음대로 할 요량으로 통역에게 나눠줄 비단 옷감을 아들 고정도에게 주어 청렴함을 잃었습니다. 그래놓고 귀국하여 인사를 드릴 때 그 사실을 숨기고 끝내 말하지 않았으니 속인 죄 또한 심합니다. 결국 해당 부서의 관원이 신고해 사헌부에서 조사에 들어가니 고득종이 바로 자백했습니다. 사헌부에서 처벌할 죄명과 형을 전하께 말했으나 특별히 형벌을 거두고 단지 파직만 했습니다. 성은이 망극하고 은혜가 실로 두터우므로 고득종으로서는 마땅히 그 은덕을 감사하고 허물을 뉘우쳐 마음을 새롭게 하기에 겨를이 없어야 할 터입니다. 그런데 이런 생각은 하지 않고 도리어 근거없는 말을 꾸며 자신을 조사한 관원을 원망하고, 그 아내를 시켜 왕께 글을 올리길 '첩이 몰래 사주했기 때문입니다'라고까지 하면서 나라의 법을 우습게 보았습니다. 그 마음이 간특하고 재물을 탐하고 염치없음이 타의 추종을 불허합니다. 고득종이 비록 먼 지방의 한 섬에서 태어나 그렇게 꾸짖을 바 못되는 인물이나 서울까지 올라와 배워 이미 과거에 올랐고 또 높은 벼슬을 했으니 다른 모자라고 무지한 자들에 비할 바 아닙니다. 이미 청렴함으로써 자신의 지조를 지키지 못하고, 가볍게 나라의 법을 범하고도 마음을 고치기는커녕 분을 품고 글까지 올렸으니 그 부끄러운 줄 모르고 전하를 속이는 음흉한 죄는 징계해야 합니다. 밝으신 지혜로 굽어살펴 법대로 처단하여 재물을 탐하는 자를 없애고 뒷사람을 경계하소서."

이에 왕이 명해 고득종의 직첩을 박탈했다.

1439년(세종 21) 4월 20일

사치가 화를 부르다

사간원에서 글을 올렸다.

"각각의 지위에 걸맞은 분수에 따름은 예禮의 큰 바탕입니다. 그래서 공자는 제후의 말 장식은 비록 작은 것이라도 쓸 만한 사람만이 써야 한다고 했습니다. 이제 노회신이 여색에 빠져서 첩의 꾸밈새를 궁궐에서만 사용하도록 되어 있는 것과 같이했으니 그 예를 넘고 분수를 어지럽게 한 것이 이보다 심할 수 없습니다. 이것을 용서하면 위아래의 구분이 문란해질 것이니 특별히 사직당국에 그 사유를 국문하여 죄를 밝히고 기강을 바로잡아 주소서."

왕이 답하지 않으니, 사헌부에서 또 청하므로 직첩을 거두도록 했다.

1441년(세종 23) 7월 7일

뇌물은 백성의 피와 땀이다

사헌부에서 글을 올렸다.

"예절과 정직, 청렴함과 부끄러움은 나라를 지탱하는 네 가지 벼 릿줄이니 예의는 사람을 다스리는 큰 법이 되고, 염치는 사람을 바 로잡는 큰 절개가 됩니다. 이제 이 네 줄이 팽팽하게 유지되면 인 심이 깨끗하고 정치가 맑아져 나라를 밝고 창성昌盛하게 끌어올리 고, 느슨해지면 인심이 더러워지고 정치가 타락하여 나라를 어둠 속으로 떨어뜨리니 국가 경영의 큰 틀이 여기에 달려 있습니다. 한 사람을 놓고 보더라도 예와 의를 지키고, 염과 치를 소중하게 여기 는 자는 일생이 평안하며 아름다운 이름이 후세에 전해질 것입니 다. 예의를 포기하고 염치를 저버리는 자는 마침내 재앙과 패망에 빠져서 더러운 냄새가 만대에 흐를 것입니다. 전 고려 왕조 말기에 뇌물을 요구하고 주는 것을 당연한 듯이 부끄러워하지 않고 모든 관청에서 공공연하게 청구하면서도 잘못을 모르고, 굵직굵직한 큰 집들에는 뇌물 받는 문호를 널리 개방하여 재물을 탐함과 직책을 더럽힘이 유행처럼 번졌습니다. 전하께서 큰 기업을 이으셔서 밤낮으로 진력하여 바른 정치를 하니 모든 일이 그물이 펴지듯 하여 예의가 서고 염치가 행해졌습니다. 그렇지만 고려 때의 풍습이 아직도 없어지지 않아 지방 수령에게 뇌물을 주고자 하는 일이 있습니다. 그러면 어떤 자는 옳은 도리를 생각하고 법을 두려워하여 받지 않는 자도 있고, 별 것 아닌 소소한 물건이라 하여 받는 자도 있으며, 마음에는 옳지 않은 줄을 알면서도 주는 자에게 거스르고 싶지 않아서 받는 경우도 있고, 은밀하게 주는 것이니 설마 누가 알겠느냐 하여 달게 받는 자도 있을 것인데, 어느 경우에건 뇌물을 받는 자가 마음에 걸려 두렵고 창피한 마음은 일반이라 하겠습니다. 대체로 미관말직에 있는 벼슬아치들도 꾸러미에 싼 하찮은 물건이나마 의롭지 않은 것이면 부끄럽게 생각하는데, 하물며 더 올곧아야 할 고관대작들이 어떻게 처신해야 하겠습니까? 백성을 거느리는 관원으로서는 무엇보다 백성을 사랑하고 돌봐주는 일에 힘써야 할 것입니다. 뇌물로 받는 물건이 하늘에서 떨어진 것이 아니고, 실은 백성의 피와 땀입니다. 사랑하고 길러주지도 못하면서 뇌물을 훑어 들이는 일을 어찌 용납하겠습니까? 뇌물을 주는 자의 속셈도 훗날 벼슬을 구하거나 죄를 지었을 때 면하기 위한 것이고, 또 그 뇌물을 주는 상대방을 볼 때 뇌물을 받을 만한 인물로 판단한다는 것이니 그런 대우를 받는 자체가 크게 부끄러운 일입니다.

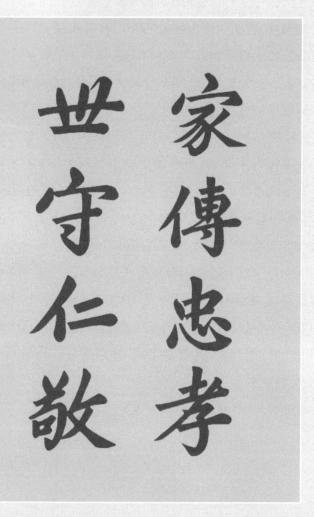

세종 어필

"가정에서는 충효의 법도를 전승하고, 사회에서는 인자하고 공경하는 기풍을 지키도록 하라."

무엇을 한 번 받고 나면 자연히 사사롭게 편애하고 은근히 더 바라는 마음이 생기게 마련입니다. 일단 이런 사사로운 마음이 생기면 인재를 쓰는 데에 어진 이와 어리석은 이가 거꾸로 놓이고, 일의 옳음과 그름이 그 자리를 바꾸게 되니 형벌의 집행이 왜곡되고 벼슬도 팔게 되며, 장차 못할 일이 없게 됩니다. 관의 기강이 이렇게 문란해지면 나라를 어떻게 경영할 수 있겠습니까? 이런 풍습은 뿌리를 뽑아 더 자라지 못하게 해야 합니다. 우리 육전에 '뇌물을 받는 자는 청렴하지 못한 죄로써 논한다'고 실려 있고, 율에는 '자기 직무와 직접 관련하여 받지 않아도 장물죄'로 죄를 받는 조문이 있습니다. 전하께서는 굳은 결심을 해서 지금부터 무릇 위 법률에 금한 행위를 범한 자는 준 자와 받은 자를 모두 그 장물 액수에 따라 벌을 주되, 부당하게 치부한 관리로써 논죄論罪하여 액수가 미미하더라도 용서하지 마소서. 그리하면 탐관오리의 무리가 징계되어 청렴하고 겸손한 아름다운 풍습이 이루어질 것이니 이보다 다행한 일이 없겠습니다."

왕이 상소문을 보고 그대로 따랐다.

1447년(세종 29) 5월 22일

전통사회에서 선비들은 '수기치인修己治人'이나 '애민 사상'을 가장 큰 가치와 덕목으로 여겨왔다. 특히 유교를 통 치이념으로 삼고 있던 조선시대 선비들은 자신의 수양을 통해 감정과 행동을 절제하며 "밝은 덕을 밝히는明明德 일과 백성을 친애하는親民 일"을 최고의 가치로 여겼다. 선비들의 일상생활에서는 기본적으로 예 의를 갖추었는지 또는 염치를 아는지 모르는지가 중요한 평가 기준이 었다. 따라서 "예의가 없다無禮거나 염치가 없다破廉恥"는 지적은 다른 사람에게 심한 비난을 받을 만한 상태를 말했다.

여기서 염치는 "부끄러워할 줄 아는 마음"이다. 조선시대에 예의염 치는 '효제충신'과 더불어 선비나 백성들의 실천적 덕목으로 삼고 있는 데 염치는 예의를 실천하는 심정적 근거가 된다. 특히 조선시대의 염치 는 공직사회의 부정부패를 막는 근본으로 여겨지고 있었으며 염치가 없는 사람은 관료가 될 수 없다는 점에서 공직자의 기초 윤리이자 성품 이었다. 같은 관직이라도 조선시대에는 그 관직의 역할과 성격에 따라 달리 불렸다. 맑은 관직이라는 뜻의 '청직淸職'과 중요한 관직이라는 뜻의 '요직要職'이 그것이었다.

청직은 3사(사헌부, 사간원, 홍문관), 예조, 세자시강원 3품 이하를 말 하고, 요직은 의정부와 육조 낭관을 일컫는다. 보통은 이를 합해 '청요 직'이라 하여, 직계존속 중에 파렴치범이 있으면 임용되지 못했다. 청요 직에 임명되기 위해서는 친가와 외가의 4대조까지 인품과 경력을 조회 한 이른바 '4조단자'가 서경을 하는 주요한 참고자료가 되었다. 조선의 고위관직인 정1품에서 정3품까지의 당상관을 보면 정1품에는 3인의 의정(영, 좌, 우), 종1품에는 2인의 찬성(좌, 우), 정2품에는 2명의 참찬 (좌, 우)과 6명의 판서(이조, 호조, 예조, 병조, 형조, 공조), 종2품에는 대사 헌 1인, 6명의 참판(이조, 호조, 예조, 병조, 형조, 공조), 정3품에는 대사간

1인, 육조의 참의 8명(공조와 병조에 한 명씩 추가), 6명의 승지(도, 좌, 우, 좌부, 우부, 동부), 부제학 1인이 있었다.

의정부는 《경국대전》에 있는 최고의 국정기관으로서 국가의 중요한 정사를 논의하고 합의를 거쳐 왕에게 품달하며, 왕의 결재를 해당 관서에 하달하는 구실을 했는데, 그 실질적인 권한은 왕권의 강약, 그 구성원의 자질, 육조·승정원·삼사와의 상호관계 등 제반 요소와 관련하여 여러 차례 변화를 겪었다. 육조의 경우 이조에서는 문관의 선발, 공훈과 봉작, 업적의 사정과 관련된 정사를 맡고, 호조에서는 호구와 공납·부세, 조세와 경제 관계 업무를 맡았으며, 예조에서는 예의, 음악과 제사·연회와 외교 관련 업무, 학교·과거 시험에 관한 업무를 관장했다.

그리고 병조에서는 무관 선발, 군무 처리, 각종 경비와 병기 관리 등의 일을 수행하고, 형조에서는 법률, 중대한 범죄의 심리, 소송, 노비와 관련된 쟁송을 맡고, 공조에서는 각종 토목공사와 도자기, 야금 등과 관련된 일을 했다. 육조의 장은 판서이지만, 위임된 업무에 대해서는 판서, 참판, 참의의 전원합의로 행하고 사전에 전랑(정랑·좌랑)과 합의도 했다. 따라서 각 조의 판서의 권한은 일방적으로 행사할 수 있다기보다는 분산되어 있었다고 보아야 한다. 육조의 권한은 왕권과 비례하여 왕권이 강해지면 이들 기관의 권한이 상대적으로 커지고, 왕권이 약해 의정부의 입김이 세지면 이들의 권한은 약화되었다.

또한 조선은 국내 경제와 백성들의 삶의 기반을 안정시키기 위해 대외무역을 금지하고, 공급을 초래하는 수요, 다시 말해 상하 고하를 막론하고 퍼져 있던 사치 풍조에 대해 지속적으로 경계했다. 이는 현실적 이유뿐만 아니라 사치를 금하고 소박함을 좇는 것은 유가의 소비론을 관통하는 정신인 '절용節用'에도 부응하는 것이었음을 잊지 말아야 한다.

제3장

과거제도와
인재 등용

벼슬을 버리고
과거장으로 가다

생원시에서 100명을 뽑았는데, 합격생 중에는 감찰 벼슬을 하고 있다가 그 직첩을 반환하고 과거에 응시한 조서로趙瑞老가 있었다. 이에 사헌부에서 글을 올렸다.

"생원生員은 학문으로 들어가는 문이고, 과거 급제는 벼슬로 들어가는 길입니다. 그러므로 벼슬을 하지 않고 있는 선비들이 향시鄕試에 합격한 뒤에 본시本試에 나아가는 것입니다. 근래에 6품 이하의 사람들이 관직의 중함을 생각하지 않고 직첩을 반환하고 시험을 보려 하니 일의 선후가 뒤바뀌고 선비의 기풍이 아름답지 못합니다. 이제부터 6품 이하의 사람은 시험에 응시하지 못하게 하소서."

왕이 의정부에 내려보내 의논하게 했다.

"6품 이하의 사람도 시험에는 응시하도록 허락하여 배움을 권

장하되, 다만 합격 여부와 관계없이 그 직첩은 돌려주지 말도록
하소서."

왕이 그대로 따랐다.

1405년(태종 5) 3월 5일

과거 입시위원,
너무 생색낸다

사헌부에서 글을 올렸다.

"과거제도를 두고 선비를 뽑아 관리로 임용하는 것은 진실로 좋은 법이나 지금 보면 폐단도 없지 않습니다. 고려 왕조의 말기에 과거 합격자가 당시의 시험관을 벼슬길로 통하는 은문恩門(은혜로운 분)이라 일컫고, 합격생은 스스로 그 문하생이라 하여 나라에서 선비를 뽑는 참뜻은 도외시하고 서로 패거리를 지어 드디어 붕당이 되었으니, 그 폐단을 어찌 이루 다 말할 수 있겠습니까? 우리 태조께서 즉위하신 이래 고려 왕조의 폐단을 다 혁파하고 기강을 펴시면서 취사取士 제도도 새롭게 하여 공정하게 하도록 하기 위해 대신들에게 지공거知貢擧('지知'는 주관해서 본다, '공貢'은 추천해서 보낸다, '거擧'는 뽑아서 쓴다는 뜻이다. 다시 말해 지방에서 추천하여 보낸 선비를 뽑는 주임관主任官이라는 뜻이다)가 되어 과거시험을 관장하도록 했습니다. 예조와 성균관의 관원도 함께 시험성적을 매기도록 하며, 대간 중 한 명도 참관하게 하여 반드시 경서에 밝고 행실이 단정하고 예의와 덕이 있는 자를 뽑아 이름을 적어 올렸습니다. 또 궁궐의 뜰에서 왕이 몸소 과거장에 나와 시험 성적을 살피고, 합격패를 내려주고 재주에 따라 임용했습니다. 또한 문무의 도가 치우치거나 폐할 수 없는 까닭에 전하께서 무과를 설치하여 그 시험 방식은 한결같이 문과의 경우를 준용했으니, 문무의 과거제도 모두 선발 절차가 지극히 공정하다고 하겠습니다. 그러나 문생과 은문의 구습이 아직도 있어 아부하는 자가 간혹 있는데, 이는 다름이 아니라 지공거 등의 호칭이 여전히 있기 때문입니다. 명칭이 이러니 공정하게 선비를 뽑아 놓고도 간혹 마치 자신이 합격의 기회를 준 것인 양 은근히 과시하는 자가 있고, 그 밑에 사람들이 모여들어 무리를 짓게 되니 이는 신하된 자의 도리가 아닙니다. 문과는 성균관에서 주관하되 예문관과 예조가 함께 선발하고, 무과는 훈련관이 주관하되 병조가 함께 선발하도록 하며, 대간이 성적을 매기는 일에 참관하여 그 성적을 차례대로 보고하게 하고, 주상께서 친히 그 재주를 시험하여 임용하면 선발이 더욱 공정해지고 무리 짓는 폐단이 없어질 것입니다. 아울러 생원시도 이 예를 따르게 하소서."

왕이 의정부에 내려보내 의논하게 했다.

"문과의 주관은 예조로 하고, 예문관과 춘추관이 함께 선발에 참여하고, 무과는 병조에서 주관토록 하되 훈련관과 함께 성적을 매기며, 생원시 역시 예조에서 주관하고 성균관이 성적을 매기는 일에 참여토록 하며, 나머지는 모두 사헌부에서 말한 바대로 하소서."

왕이 그대로 따랐다.

1413년(태종 13) 1월 6일

성균관이 비었다

우사간 박관朴冠 등이 글을 올렸다.

"성균관은 나라의 바탕이 되는 인재를 양성하는 곳으로 덕망 있고 실력 있는 스승을 골라 세우고, 공부하는 데 필요한 물자를 후하게 제공하고 있으니 인재의 요람으로 부족함이 없습니다. 그런데 여기 재학 중인 생원의 무리들은 교육을 숭상하는 전하의 뜻을 깊이 생각하지 않습니다. 툭하면 개인적인 사정을 변명하여 자기 집에 가 있고, 지금 학교에 머물면서 공부하는 자는 겨우 수십 명도 되지 않습니다. 이렇게 국립대학이 허술하게 운영되니 걱정하지 않을 수 없습니다. 생원들은 모두 의무적으로 국학에 나가게 하고, 생원 출신으로 하급 관리에 있거나 초급교사로 있는 자들 또한 성균관의 수업과정을 다 마치고 정식 과거시험에 응하도록 하고, 비졸업생들에게도 응시 기회가 돌아가는 한성시漢城試는 이들에게

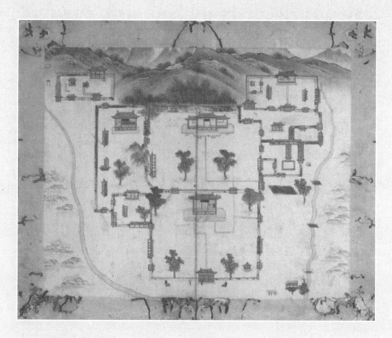

〈태학계첩〉 중 '반궁도'

1747년에 제작된 〈태학계첩太學契帖〉 제2면에 성균관의 평면도인 반궁도泮宮圖가 실려 있다. 성균관의 건물 구조, 배치 내역, 주변 산세, 강 등의 모습이 자세하게 묘사되었다. (서울역사박물관 소장)

허용하지 않도록 해주십시오. 만일 개인적인 일을 핑계로 즉시 국학에 나오지 않는 자가 있으면 시험보는 해에 유급시켜 응시 기회를 박탈하고, 그 변명과 게으름이 심한 자들은 법으로 다스리고, 지방 수령으로써 자기 관할 내에 거주하는 이들을 힘껏 재촉하여 국학에 보내지 않는 경우에도 감사監司에게 사실을 조사하여 징계하도록 해야 합니다. 생원으로써 나이가 많지 않은 자들이 적당히 교도敎導의 직책이나 얻어볼까 애쓰고, 그 직위를 얻은 뒤부터는 업무를 게을리하다가 직무를 마칠 무렵에는 성균관에도 들어가지 않으니 지금부터는 나이 40세가 차지 않은 자에게는 교도직을 허가하지 않도록 해서 요행히 먹고 사는 일을 막고, 관리가 제대로 양성되도록 하십시오."

1423년(세종 5) 11월 9일

서얼은 과거 응시도 못하는가

사간원에서 글을 올렸다.

"과거제도를 설치한 것은 인재를 시험하여 골라내기 위함이고, 정실 소생인지 또는 첩의 소생인지는 신분에 따라 마땅히 지켜야 할 도리를 바로잡기 위함입니다. 두 가지 중 한 가지라도 바르게 운용되지 않으면 사람을 뽑아 쓰는 것이 완전하지 못할 것이며 명분이 문란해질 것입니다. 지금 이 나라에서는 과거에 응시할 적에 그 이름을 써낼 때 다른 이의 보증서가 있어야 허가하여 선비를 골라내는 법이 엄중합니다. 그런데 지금 왕실의 후손이라도 첩의 자식인 이선李宣이 과거시험에 응시하게 되었으니 이는 과거제도를 무시하는 것입니다. 이선은 왕족이라 이미 3품의 벼슬을 받고 있으니 관직을 수행하기 위해 굳이 과거에 급제했다는 경력을 남길 이유도 없습니다. 그가 과거에 응시하는 것을 막아 명분을 밝히면 공도公道에 합당하겠습니다."

이에 왕이 말했다.

"지금 상소를 보니 무슨 말을 하는지 알지 못하겠소."

우헌납 이사증李師曾이 말했다.

"이선은 벼슬이 3품에 이르렀으니, 비록 과거에 합격하지 않더라도 저절로 세상에 쓰이게 될 것이며, 적서의 구분은 바로잡지 않을 수 없습니다."

그러자 왕이 말했다.

"나는 경들의 뜻을 알지 못하겠소이다. 경들은 용서 받을 수 없는 죄를 범했으니 다시 말하지 말고 집으로 돌아가도록 하시오."

그리고 의금부에 이렇게 말했다.

"간원들이 이선을 서얼이라 하여 과거 응시를 정지시키라고 주청했는데, 왕의 자손을 서얼이라 일컬어 벼슬길을 닫아 막으려고 했으니 그 죄가 가볍지 않다. 그 이유를 추궁하여 보고하도록 하라."

그리고 나서 안숭선에게 말했다.

"내일 아침 바로 의금부에 가서 국문하고 좌사간 김중곤, 우사간 권선, 지사간 윤수미, 좌헌납 배추, 우헌납 이사증, 좌정언 김숙검을 잡아 가두라."

1432년(세종 14) 4월 4일

그때도 족보는 있었다

영집현전사인 황희와 허조, 집현전 대제학인 신개와 이맹균, 제학인 권제, 정인지, 부제학 안지 등이 글을 올렸다.

"근래에 들어 중앙과 지방의 학생들이 과거시험장에서 나온 글들을 기록하고 외움으로 요행히 합격하여 벼슬길에 오르길 바라는 풍조에 휩싸여 있는 탓에 옛 경전을 부지런히 읽어 제대로 공부하려는 사람들이 있으면 도리어 비웃으니, 학업을 폐기하고 의지와 취향이 천박하고 경솔하니 나라의 큰 근심거리입니다. 이 폐단을 시정하려면 성현의 글을 꼼꼼하게 읽어 그 뜻을 바르게 알도록 유도해야 할 것이니, 《경국대전》에 있는 대로 성균관 유생들에게 사서오경을 차례로 끝내고 진급하는 제도를 시행하는 것이 바람직합니다. 지금 이것이 시행되지 않는 까닭은 서울 안에 있는 학생들은 성균관이나 사학四學*의 기숙사에 들어와 공부하는 데 게으르고,

* 조선시대에 중앙의 중등교육기
관으로 인재를 기르기 위해 서울
의 4곳에 세운 교육기관이다. 중
학中學·동학東學·남학南學·서
학西學이 있었다. 1411년(태종 11)
에 설치되었으며, 1894년(고종 31)
에 폐지되었다.

지방 학생들은 서울에 다녀가길 꺼리기 때문
입니다. 이에 신들이 몇 가지 의견을 올립니
다. 첫째, 과거의 원칙은 평소에 경서經書를
강론하여 그 뜻을 밝혀 알도록 한 다음 3년
마다 성취도를 시험하여 빼어난 자들을 뽑는
데 있습니다. 근래에 여러 가지 말들이 있어
과거와 관련된 법이 여러 번 바뀌었습니다. 제대로 학업을 쌓기 위
해서는 시간이 필요하므로 과거를 치를 때 일정한 기한을 두어야
학생들도 다음 과거까지 마음을 가라앉히고 공부에만 집중할 수
있을 것입니다. 그러나 이제 정기적인 매3년 단위(식년式年)의 시험
외에 또 수시 시험(별시別試)이 있으므로 많은 선비들의 마음이 들
뜨고 소란하여 글 읽을 겨를이 없고, 그저 요행을 바라며 응시부터
하고 보니 본래 쌓아 놓은 학문적 소양이 없는 탓에 시험 답안이라
고 해봐야 보잘것없습니다. 별시를 파하여 선비들의 마음을 안정
시키소서. 다만, 전하께서 좋은 인재를 등용하고자 특별 채용을 하
실 때는 예외로 해도 될 것입니다. 둘째, 기숙사에서 공부하는 자
는 경전 암송과 강의 시험(고강考講)을 통해 진급시키고, 벼슬살이
를 하거나 개인적인 사정으로 기숙사에 머물 수 없는 학생들이 있
으면 이들에게도 고강을 허락하십시오. 그 결과를 기록하게 하되,
이미 고강의 관문을 통과하는 자는 비록 과거에는 여러 번 떨어졌
다고 하더라도 고강을 다시 하지 않도록 면제하는 것이 좋겠습니
다. 셋째, 원래 승재법陞齋法에 의하면 지방의 학생들은 각 도의 관

찰사가 봄과 가을로 고강하고 기록하여 성균관으로 보내면 성균관에서 예조에 보고하여 다시 시험강의를 시킨다고 되어 있습니다. 이렇게 되면 지방 생도들이 매년 두 차례씩 떼를 지어 성균관에서 다시 시험강의를 하게 되므로 몇 달이 되어도 다 마치지 못할 것입니다. 또 예조와 대간에서 날마다 과거시험 때문에 모인다고 하면 그 폐해도 적지 않을 것입니다. 또 사정이 있어 과거시험관이 성균관에 제때에 들르지 못하면 지방 생도들이 양식을 싸 가지고 와서 오래 머물게 될 것이니 이 또한 바람직하지 않습니다. 그리고 정기 시험을 치르는 식년에 지방의 예비시험(향시鄕試)은 2월에 있는데, 시험을 마치고 서울에 올라오면 소과의 시험(회시會試)일이 임박해 있고 고강할 여지가 없습니다. 원컨대 식년 1년 전 8~9월 사이에 기록된 문서를 살펴 향시에 응시하는 것을 허락하되, 미리 정한 인원수대로 시험으로 선발하여 식년 전해의 10월 전에 성균관에 모두 보내 여기에서 예조에 보고하도록 하고, 이에 따라 예조와 대간에서 성균관에 시험관을 파견하여 강의시험을 보면 정밀하게 캐물어서 거칠고 대강 넘기는 폐단이 없어질 것입니다. 넷째, 승재陞齋하는 본뜻은 학생들에게 경서의 의미를 익숙하게 통하기를 요구하는 것이니, 강설講說할 즈음에 그 글의 이치, 연원, 문맥이 가지는 뉘앙스, 논리적 순서 등을 캐물어 성현의 깊은 뜻을 통달하고 있는지 시험하소서. 다섯째, 사람의 재주는 각각 장단이 있게 마련이므로 만약 식년 시험에서 사서오경을 뗀 자에게만 과거 응시자격을 주면 혹시 인재를 놓친 염려가 있습니다. 이 중 두 경서 이상을 통과하는 자에게도 응시자격을 주되 초장, 중장, 종장의 3단계 시험 (삼장三場)에서 동점자가 나오면 경서를 얼마나 많이 떼었는지에 따라 등급의 높낮이를 정하면 될 것입니다. 한편 이 법이 시행되어 제대로 정착되기 전까지는 선비를 뽑을 때 혹 위와 같은 응시자격을 갖춘 자들이 부족할 수도 있을 수 있으니, 임시로 식년과 식년 사이에 한 경서 이상이라도 떼는 자에게는 응시 자격을 부여하도록 하소서."

왕이 허락하지 않았다.

1439년(세종 21) 5월 7일

대리시험을 보다가 들켰다

예조판서 김종서金宗瑞가 말했다.

"춘추관, 예문관, 성균관(삼관三館)에서 초시 2차 시험 준비생들 중에 한성 생원시험장에 몰래 들어가 다른 사람에게 글을 지어준 자들이 있다는 소문이 있어 생원시 준비자들과 한성시 합격생 3~4명을 불러 추궁하니 정영통鄭永通과 김석산金石山을 지목했습니다. 정영통과 김석산은 매년 6월 4부部 학생들 중 시험을 봐 점수가 높은 자는 초시 1차 시험인 향시나 한성시를 거치지 않고 바로 초시 2차 시험(회시會試)에 응시할 수 있는 수월반 학생들로서 정영통은 서부 생원시험반에, 김석산은 중부 생원시험반에 속해 있습니다. 신의 소견으로는 사건의 발단이 소문에서 비롯되었으나 이를 풍문이라 하여 그냥 놔두면 선비를 뽑는 법에 적당하지 않으므로 전하께서 사직당국에 조사하도록 명을 내려주고, 한성시를

〈평생도〉 중 소과응시 부분(19세기)

과거시험은 공정한 인재 등용의 수단이기도 했지만, 종종 부정이 저질러지고 탈법 행위
도 있었다. 특히 응시자를 위해 자리를 대신 잡아주는 '선접군', 답안지를 대신 적어주
는 일을 하는 '거벽', 글씨를 대신 써주는 일을 하는 '사수'가 동원되기도 했다. 햇볕을
가리기 위한 양산(일산日傘) 속에 이들이 옹기종기 모여 있다. (국립중앙박물관 소장)

다시 치르게 하는 것이 좋겠습니다."

왕이 승정원에 말했다.

"과거 시험장에서 대리시험을 보는 폐단을 내가 전에도 들은 바 있는데 이제 또 이런 자가 있으니 금년에는 진사 생원시를 중단하려 하오. 내 뜻과 김종서의 보고를 의정부에 내려 의논하도록 하시오."

왕이 김종서에게 말했다.

"만일 조사한다면 대리시험 본 자들을 가려낼 수 있겠소이까?"

김종서가 말했다.

"잡아낼 수 있습니다."

의정부에서 의논하여 의견을 올렸다.

"만일 몰래 시험장에 들어온 사람이 있다는 말만 듣고 그 자를 잡지 못했다면 다시 시험을 치르는 것이 옳겠지만, 이제 대리시험을 봐준 자와 부탁한 수험생이 드러났으니 굳이 시험을 다시 치를 필요가 있겠습니까? 한두 사람의 죄로 다른 사람들의 응시 기회까지 빼앗는 것은 실로 가엾으니 정영통과 김석산은 의금부에 볼기를 쳐 진상을 더 밝히도록 하고, 이 두 사람에게서 글을 빌린 자는 과거 응시자격을 박탈하도록 하고, 그 나머지는 시험을 봐서 선발함이 옳지 않을까 싶습니다."

이에 정영통과 김석산을 의금부에서 조사하도록 했다.

1444년(세종 26) 1월 25일

소과를 보게 하라

성균관 유생들이 글을 올렸다.

"신들은 소과를 정지한다는 소식을 듣고 가슴이 무너지는 것 같습니다. 우리 왕조가 생긴 이래 지금까지 과거를 높이고 중하게 여겨 매 3년마다 선비를 가려 뽑아서 미리 성균관에 맡겨 양성했으니 그 인재를 양성하는 뜻이 극진했습니다. 지난번에 봄철 시험이 있을 때 정영통의 무리 같은 자가 있어 외람되게 나라의 법을 범하는 바람에 소과가 중단되니 당시 사방에서 모였던 선비들이 실망했습니다. 그러나 특별히 가을에 다시 시험을 보도록 하라는 명을 반포하며 신들은 기쁨을 이기지 못해 모두 실력을 발휘해볼 뜻을 가지고 날짜를 헤아려 가며 기다리고 있었습니다. 이제 불행하게 나라에 가뭄이 심해 국가에서 응시자들이 식량을 싸 가지고 올 비용을 염려하여 이에 그 과시를 정지하니, 이는 진실로 백성들의 부담을 덜어주려는 아름다운 뜻입니다. 그러나 지금 각 도에서 과거에 응시하는 자는 한 주州에 4~5인, 혹은 일개 현縣에 1~2인뿐이므로 시험을 치른다 하여 온 고을에 돌아갈 폐단은 없을 것이니, 지금 소과에서 선비를 뽑는 일은 흉년 대책과는 크게 관련이 없다 하겠습니다. 신들의 짧은 생각에는 대학大學은 인재를 모아 기르는 곳이요, 생원生員은 다른 날에 가져다 쓸 재목들인 것입니다. 이름이 쟁쟁한 고위 관료들과 선비 중에 이 시험을 거쳐 나가지 않은 사람이 없는데, 지금 일시적인 사정으로 선비를 골라 뽑는 큰 법을 폐지한다는 것은 그 재목을 사용하고자 하면서 뿌리를 키우지 않는 것과 같습니다. 한 학년이 빠지는 것이 얼핏 보기에 나라의 큰 통치에 영향이 없어 보이나 성균관이 비어 있는 것은 작은 일이 아닙니다. 다행히 지금 성상께서 하늘의 경계를 공경하고 근신하며 널리 언로를 열어 아랫사람들의 심정을 펴게 하니, 이때야말로 많은 선비들이 진언할 때입니다. 신들이 감히 뜻만 크고 올리는 말씀이 거칠고 세련되지 못함을 두려워하며 이 글을 올립니다."

왕이 대답하지 않았다.

1444년(세종 26) 윤7월 13일

응시자의 이름을 몰라야 한다

사간원에서 글을 올렸다.

"과거를 통해 선비를 뽑는 것은 나라의 중대한 일이니 신중해야 합니다. 예전에 변계량이 오랫동안 과거시험 업무를 맡아본 경험에 비추어 과거시험장에서 생기는 폐단을 심각하게 생각하여 경서 강론시험(강경講經)의 단점을 간절히 시정토록 하여 일체 논술로만 뽑게 했습니다. 근래에 이르러서는 과거 응시생들이 오로지 좋은 문장을 다듬고 외는 일에만 몰두하고 현실에서 쓸 수 있는 학문에는 등한시하므로 국가에서 다시 강경으로 돌아가니 시대 상황에 비춰 부득이 한 일입니다. 그러나 강경을 한다 하더라도 시험관리는 엄격해야 합니다. 사사로운 정은 눈으로 보면 생기기 쉬우니 시험관이 이미 알고 있는 수험생을 대하면 어찌 사랑하거나 미워하는 마음이 없겠습니까? 친족과 권세 있는 자제들을 대할 때 그를 위하는 마음이 조금도 변하지 않고, 좋아하고 미워함에 치우치지 않아 뽑는 데에 사정을 두지 않는다고 할 수 있겠습니까? 시험관이 문제를 낼 때 겹포장을 치고 수험생은 제비 뽑아 이름을 알리지 않고 그 번호대로 들어가 시험을 보고 나오도록 하면 얼굴을 대하여 사사로운 정이 생기는 것을 막고, 시험이 매우 공정해질 것입니다. 혹 누가 '구차하게 이런 법을 쓸 필요까지 있는가' 할 수도 있으나, 논술시험을 볼 때에도 이미 인적 사항을 기재한 부분은 가려 놓고 답안은 다른 사람이 글씨를 옮겨(봉미역서법縫彌易書法) 누구의 답안인지 채점관이 알지 못하도록 하는 제도가 있었으니, 강경에서도 이름을 가리게 하고 시험관과 마주 대하지 못하도록 하는 법은 얼마든지 가능합니다. 또 누가 말하기를 '비록 포장 밖에 있을지라도 목소리가 통하니 어찌 서로 알지 못할 것인가?' 하나, 그 목소리를 어찌 시험관이 다 알 수 있겠습니까? 이 법을 엄하게 세우셔서 공평하게 인재를 뽑는 기준을 마련하소서."

1449년(세종 31) 1월 22일

과거제도가 우리나라에 들어오게 된 것은 958년(고려 광종 9)에 귀화한 쌍기의 건의에 의한 것으로, 1393년(조선 태조 2)부터 1894년(고종 31) 과거제가 폐지될 때까지 총 230회가 실시되면서 완전히 자리를 잡았다. 조선의 과거시험 중 문과는 예비시험인 소과와 본시험인 대과로 나눌 수 있다. 소과는 흔히 생원시 · 진사시로 불리며, 이를 사마시라고도 하며 각각 100명을 뽑아 성균관에 입학할 자격을 부여하는 시험이었다. 생원시와 진사시를 흔히 감시監試, 소과, 사마시司馬試라고도 했다.

생원시는 《논어》, 《맹자》, 《대학》, 《중용》 등의 사서와 《예기》, 《춘추》, 《시경》, 《서경》, 《역경》 등의 오경을 가지고 시험을 보았다. 이 중 《춘추》는 후세에 내려가면 《역경》 응시자에게 가점을 주는 제도가 생기면서 응시생이 몰리자 폐지되었다. 진사시의 경우 《경국대전》에 의하면 부賦 1편과 고시古詩, 명銘, 잠箴 중 1편으로 시험을 보았다. 소과는 초시와 복시만을 보았지만, 대과는 초시初試, 복시覆試, 전시殿試의 3단계를 치러야 했다. 대과는 생원과 진사뿐 아니라 일반 유생인 유학幼學에게도 수험자격을 주었다.

초시와 복시는 초장, 중장, 종장으로 나누어 실시되었다. 이를 동당삼장東堂三場이라 하는데, 하루의 간격을 두고서 시행하는 것이 관례였다. 초장에서는 경학經學에 대한 이해도를 시험하고, 중장에서는 시작詩作과 논술論述시험을 치렀다. 종장에서는 정국 현안에 대한 이해와 해결 능력을 엿보는 대책對策을 통과해야 했다. 초시 3단계와 복시 3단계를 연이어 통과해야만 최종 관문인 왕 앞에서 치러지는 전시에 오를 수 있었다.

이 모든 단계를 장원으로 통과한 인물이 율곡 이이李珥로 1564년(명종 19) 문과 예비 시험인 생원시 초시와 복시에서 장원을 차지했고, 같은 해 문과 시험에서도 초시의 초·중·종장, 복시의 초·중·종장 모두 장원으로 합격했으며, 최종 시험인 전시에서도 장원을 차지함으로써 '구도장원九度壯元'이라 일컬어졌다. 과거 응시에서 신분상의 제약은 첫째 부계나 모계에 천인 혈통이 있을 경우, 둘째 서얼의 자손들, 셋째 뇌물죄 등의 부정을 저지른 관료의 자식 등에게 응시 자격을 제한했다.

응시 연령에는 제한이 없어 조선 후기에 60세 이상 고령자들의 응시가 많아지자 기로과耆老科라는 특별시험을 두어 이들의 욕구를 해소해 주기도 했다. 문과의 최고령 합격자는 85세(고종 3년 기로과), 반면 최연소 합격자는 13세(고종 3년 별시 문과)였다. 문과의 경우 지역할당제를 두어 문과 초시 합격자 240명 중 성균관 유생과 서울 거주자들 중에서 90명을 선발하고, 150명을 지역별로 할당하여 향시에서 뽑았는데, 경상도 30명, 충청도와 전라도 각 25명, 경기도 20명, 강원도와 평안도 각 15명, 황해도와 함경도 각 10명이었다. 다만 이런 지역할당제는 초시에만 해당되었고 복시와 전시에서는 적용되지 않았는데, 이들 240명을 대상으로 복시에서 33명을 선발하고, 왕 앞에서 33명의 순위를 매기는 전시를 치렀다.

대과시험은 3년에 한 번씩 개설하는 식년문과, 큰 경사나 작은 경사가 여러 개 겹쳤을 때 개설하는 증광문과, 작은 경사가 있을 때 개설하는 별시문과 등이 있었다. 잡과로는 《경국대전》에 의하면 역과, 의과, 음역과, 율과가 있었으며, 이들은 모두 생원·진사와 같이 초시와 복시로 시험을 보았다. 이 중 율과의 초시만 형조의 주관으로 시행되었고, 나머지는 모두 예조에서 주관했다. 역과에는 한학, 몽학, 왜학, 여진학이 있었다. 《경국대전》에 의하면 무과는 소과, 대과, 잡과와는 다르게 병조에서 주관했으며, 문과 교육기관인 성균관처럼 무과 교육기관인 훈련원이 설치되어 시행되었다.

무과 역시 문과처럼 초시, 복시, 전시의 3단계 시험을 보았다. 시험 과목은 초시에서는 나무화살 240보, 쇠화살 80보에 한 대 이상을 맞춘 자로서 성적이 좋은 자를 선발하고, 복시에서는 긴 화살과 작고 짧은 화살, 말 위에서 활과 창을 다루는 마상전투, 군사학 교재 시험을 보았으며, 전시에서는 말을 타거나 지상에서 하는 격구로 그 등급을 정했다. 무과의 경우 조선 후기에 들어서면 변경의 방위가 긴급해짐에 따라서 1676년(숙종 2)에는 북벌 준비를 위해 정시 무과에서 1만 7,652명을 대량으로 뽑은 적도 있어 만과萬科라 부르기도 했다.

그 밖에도 1,000명 이상의 합격자를 선발한 무과가 몇 차례 더 있었다. 주로 병란 등 국가적 위기 사항에 대처하기 위한 경우였다. 과거제도는 조선 후기로 가면서 그 폐단이 심해져 과거시험장 안에서도 책 숨겨 들어오기, 시험지의 교체, 시험관의 매수 등 다양한 부정행위가 자행되었다. 심지어 시험장을 습격하고 시험 감독관을 구타하는 경우도 있었으며, 자리싸움으로 밟혀 죽거나 다치는 사람이 발생하기도 했다. 선비들이 공부는 하지 않고 요행과 꼼수를 부리며 대리시험을 보게 하면서도 부끄러운 마음이 없다고 한탄하는 대목은 입시만을 목표로 삼는 지금의 후손들에게도 뼈아픈 지적이다.

제4장

부역과 조세제도

말보다는 백성이 중요하다

사간원에서 글을 올려 교외에 마구간 짓는 일을 정지하라는 글을 올렸다.

"궁중의 말이나 가마를 담당하는 관리(사복司僕)에게 말에 관한 일(마정馬政)을 맡겨 봄과 여름에는 빈 땅에 방목시키고, 가을과 겨울에는 마구간으로 몰아 들여 꼴과 콩을 잘 먹여 기르니 경기 일대의 백성들이 그 폐해를 받지 않아 참으로 좋은 제도입니다. 전 고려 왕조에서는 궁중에 따로 왕의 가마를 관장하던 관청을 두었더니, 그 관아의 무리가 멋대로 꼴과 땔나무를 거둬 들이고 말을 함부로 방목하여 경기 일대 고을에 민폐를 크게 끼쳤고, 그것도 모자라 방목하는 곳에 건물을 짓고 밤낮으로 놀며 즐기고 말을 달리며 온갖 음탕한 짓을 하니 백성들의 원망이 하늘을 찔렀습니다. 이 왕조에서는 개국하던 처음부터 이 폐단을 없애고 청렴하고 유능한 사람을 택해 그 직책을 맡기고 꼴과 콩도 말의 숫자에 따라 정확하게 계산하여 수량을 정해놓고, 감찰에게 출납을 검사하게 하니 마정이 잘되고 백성에게 폐해가 돌아가지 않아 모두 칭송합니다. 그런데 지금 가만히 보니 문천봉文天奉과 이득방李得防이 도성 안의 마구간 일을 도맡아 하면서 방목할 때면 곡식 밭을 짓밟게 하고, 농사를 망치게 하니 백성들의 피해가 작지 않습니다. 또 신들이 듣기로 장차 교외에 마구간을 짓고자 한다고 하니, 이미 서울 안에도 마구간이 있어 수시로 꼴과 콩을 거두니 사헌부의 감찰이 그 출납을 감시해도 더 거두고 함부로 허비하는 폐단이 있습니다. 하물며 서울에서 멀찍이 떨어진 곳에 따로 마구간을 두어 무식한 무리에게 그 일을 맡기면 감찰의 눈과 귀가 미치지 못한다 하여 백성을 괴롭히는 일이 얼마나 더 심하겠습니까? 폐단이 전과 같이 생길까 합니다. 더구나 지금은 천재지변이 여러 번 나타나서 하늘이 경고를 보내니 전하께서는 토목 공사로 백성이 피곤하게 되는 일을 중단하는 것이 좋으니, 교외의 마구간 짓는 일을 중단해서 하늘을 공경하고 백성을 불쌍히 여기는 뜻을 보이소서."

왕이 곧 마구간 짓는 것을 중단하고, 사간원의 주무 담당관에게 말했다.

"마구간 짓는 일을 중단하자고 청한 의견은 옳소. 그런데 지금 사복 담당자인 문천봉 등을 고려 말의 관리들과 비교하니, 이는 나를 고려 말의 왕에게 견주려는 것이오?"

그리고 군사의 일을 의논하는 자리에서 조영무趙英茂가 말했다.

"백성들이 경차관을 싫어하여 말하길 '차라리 수확을 못해 황폐한 농토라 해도 알아서 세금을 바칠 터이니, 경차관 보는 것은 원치 않는다' 합니다."

그러자 왕이 두려워하고 또 노하여 말했다.

"경차관을 나누어 보낸 것도 되도록이면 백성을 편하게 하고자 하는 것인데 이런 말이 나오다니 어쩐 일인고?"

이것을 두 번이나 거듭 말하면서 승지 박석명朴錫命과 이응李膺 등에게 명했다.

"백성들이 내가 백성을 편하게 하려고 하는 뜻을 알지 못하기 때문에 이런 말을 하는 것 아니겠는가? 작은 일이 아니니 반드시 조사하도록 하시오."

1403년(태종 3) 9월 22일

공무원들을 시킵시다

사헌부에서 글을 올렸다.

"옛날부터 백성들을 부릴 때도 가능한 한 농사철을 피하고, 부역이 사흘을 넘지 않도록 했으니 이는 백성들에게 덜 피곤하게 하고, 농사에 힘쓰도록 배려했기 때문입니다. 지금 한양에 새로운 궁궐을 짓는 일을 멈출 수 없으니 중들의 노는 손과 각 관아의 아전들을 상시 투입하여 부역시키는 것은 괜찮습니다. 그러나 근래에 수재와 가뭄이 잇달아 해마다 흉년이 들어 백성들이 먹고 살기도 어려운데 지금 농사철을 맞았으나, 건물을 신축하거나 수리하는 잡무와 농가의 소를 이용하여 운반하고 일하는 각종 공역工役이 그치지 않고 있으니, 저들이 파종할 시기를 잃을까 염려됩니다. 만일 그렇게 되어 장차 기근이 들면 전하께서 백성을 사랑하는 자비로운 정치에 흠이 갈까 두렵습니다. 전하께서는 농사짓는 어려움을 생각하고 한 사람이라도 생계가 곤란해지지 않을까 염려하여 각 관할 기관에 명을 내려 농번기에 한해 이 역사役事를 정지시켜 백성들의 마음을 위로하소서."

왕이 옳게 여겨 기술에 숙달한 목수 외에 중까지 모두 보내게 하고 관청의 아전들을 교대로 돌아가며 일하도록 명했다.

1405년(태종 5) 3월 28일

'빨리빨리'가 사람 죽인다

사헌부 집의 허조許稠가 토목 공사에 관해 글을 올렸다.

"가만히 근래의 일들을 보면 고려 왕조 말년에 사람들이 눈치보고 게으름을 피워 공역이 늦어졌던 폐단을 없앤다는 명분으로 백성의 고단함을 돌보지 않고 오로지 신속하게만 하려고 애쓰는데, 특히 건축물을 짓거나 수리하는 데 그렇습니다. 현장에서 실무를 맡은 자는 그 감독 관원을 두려워하여 일하는 백성들을 매우 엄하게 다그치면서 채찍질하고 내모니 소나 양과 다를 바 없고, 어리석은 백성들이 어찌할 바를 몰라 분주하게 굴다가 나무와 돌에 상하는 자가 자주 있습니다. 신이 지난해 봄에 춘주春州(춘천)에 가서 들으니, 나무를 베고 운반하던 즈음에 죽은 자가 적지 않았다고 합니다. 우선 신이 직접 보고 들은 것만 말씀드리면, 문묘文廟를 짓는 공사 중에 신의 조카 허성許誠의 종이 죽었고, 최근에는 관청을 짓던 중에 백원봉白元奉의 종이 죽었습니다. 이 두 가지 사건으로 미루어보면 나머지 일들도 터무니없는 소리가 아님을 알 수 있습니다. 그러나 이렇게 사람이 죽어도 문책 당하는 자가 없어 일을 맡은 자는 너도나도 빨리 끝내고자만 합니다. 이런 풍조를 없애지 않는다면 신은 죄없는 많은 백성이 나무와 돌에 치여 죽을까 두렵습니다. 옛말에 어느 유명한 재상은 백성들 중 한 명이라도 거처할 곳을 얻지 못하면 자신이 저자거리에서 매를 맞는 것 같이 아파했다고 합니다. 하물며 죄 없는 백성에게 나무와 돌에 죽게 하는 일이야 새삼 이를 말이 있겠습니까? 지금 돌아가신 전하의 모후의 무덤(제릉齊陵)의 석실이 완비되지 않아 일반 사람의 분묘와 다름이 없으니 실로 이 거룩한 시대에 갖춰야 할 예법에 흠입니다. 이제 전하께서 고심 끝에 특별히 고쳐 쌓게 했으니 선대를 모시는 효성이 지극하다고 하겠습니다. 그러나 이 일을 맡은 자에게 각별히 일의 완급을 조절하도록 하여 위로는 전하의 효도를 이루고, 아래로는 백성의 원망이 전하에게 돌아가지 않도록 해야만 합니다. 신이 개성에 도착했을 때 옛 성 남문 길 옆에 죽은 사람의 시체가 있기에 돌을 운반하는 자에게 물었더니 '이것은 전날 밤에 돌을 운반하던 군사입니다' 했습니다. 신이 그만 가슴이 아파 길을 가지 못하고 곰곰이 생각해보니 옛말에 '소인은 왕에게 충성하여 상 받을 것만 생각하고, 왕은 그 충성이 실은 나라에 해가 되는 큰 불충不忠인 줄 알지 못하고 칭찬한다'고 했으니, 길가에 죽어 있던 그 백성의 부모의 원망이 감독관에게 돌아가겠습니까? 왕에게 돌아가겠습니까? 전하께서는 감사에게 도 내의 각 군에 알아보아 무릇 공역을 하다 죽은 자의 가족에게는 재물을 주고 세금을 면제하여 슬퍼하고 원망하는 마음을 위로하소서. 그리고 이제부터 각 처의 토목 건축과 벌목 과정에서 만일 사람이 죽으면 나라에 보고하게 하고, 그 현장의 책임자와 감독관을 죄주고, 사건을 은폐하거나 보고하지 않은 자 역시 함께 처벌하소서. 그러면 전하의 생명을 아끼고 사랑하는 덕이 백성의 마음에 흡족할 것입니다. 신이 국경에서 먼 하늘을 바라보고 성상을 연모하는 지극한 정을 이길 수 없어 차마 입을 다물지 못하겠습니다."

왕이 상소를 보고 얼굴빛이 변하며 지신사 황희에게 말했다.

"경들은 도리를 아는 사람인데 어찌하여 이런 일들을 듣지 못했으며, 왜 나에게 알려주지 않았소? 내 충신은 오직 허조뿐이로다. 내가 만일 이런 걸 알았더라면 이 일을 일으키려 했겠는가! 목숨이 소중하니 어찌 소홀히 할 수 있으리오!"

바로 일을 중단할 것을 명하고 총 감독관인 박자청朴子靑을 소환했다. 박자청은 성질이 까다롭고 급해 공역을 감독할 때면 매번 빨리 마치고자 하여 밤낮을 가리지 않고 일꾼들을 부려대기 때문에 사람들이 모두 괴롭게 여겼다.

1407년(태종 7) 10월 8일

왕이 건축을 논하다

왕이 영의정 황희, 좌의정 맹사성, 우의정 권진 등을 불러 일을 의논했다.

"강녕전康寧殿은 나만이 가질 것이 아니고 만대에 전할 침전寢殿인데 낮고 좁고 또 어둡소이다. 만일 늙어서까지 이 침전에 거처하면 잔글씨를 보기가 어려워서 온갖 정무를 처리하기가 곤란할 것 같아 내가 고쳐 지어 후세에 물려주고 싶은데 경들의 생각은 어떻소?"

이에 신하들이 모두 좋다고 말했다.

"경회루慶會樓는 지은 지 얼마 되지 않았는데 서까래를 받친 기둥이 벌써 지붕에 눌리는 바람에 부러져 처마받침을 수선하고자 하는데 어떻소?"

신하들이 말했다.

"눌려 부러진 것이 있다면, 수리해야 할 것입니다."

"예부터 제왕은 천문관측을 중하게 여겼소. 내가 천체 관측기구(간의簡儀)를 만들어 경회루 북쪽 담 안에다 대를 쌓고 그 위에 설치하게 했는데, 왕실의 가마를 관리하는 관청(사복시司僕寺) 문 안에다가 집을 짓고 천문 관측기관(서운관書雲觀)에서 교대로 숙직하면서 기상을 관측하게 함이 어떻겠소이까?"

황희 등이 말했다.

"네댓간 정도로 짓는 것이 좋겠습니다."

"장의동에 있는 태종의 옛 사저가 더부룩한 풀밭이 되어서 내가 차마 볼 수가 없으니, 다시 궁전을 지어서 부왕의 초상을 모시는 것이 어떻겠소?"

신하들이 모두 말했다.

"종묘를 세워 만대까지 모시도록 법을 정했으니 따로 궁전을 설치하는 것은 불가하고, 소나무를 심어 보기 흉하지 않도록 보전하는 게 좋겠습니다."

"경복궁에 4대문을 갖추지 못해 태조 때에 북문을 두고 목책을 설치했다가 그 뒤에 이를 막아버리고 성을 쌓았는데 내가 다시 북문을 낼까 하오만……."

모든 신하들이 좋다고 했다.

"요즘 글을 올려 풍수지리를 배척하는 사람이 더러 있으나, 나라를 창업하신 조종께서 풍수지리에 따라 수도를 여기에 정하셨으니 그 자손으로 이를 고려하지 않을 수 없소. 정인지鄭麟趾 같은 이는

강녕전

경복궁에 있는 왕의 침전으로 1395년에 창건했다. 강녕은 오복五福의 하나로 왕이 해야 할 이상적인 정치이념을 궁궐 건축에 반영했다.

경회루

경회루는 경복궁 근정전 서북쪽 연못 안에 있는데, 국가에 잔치가 있거나 외국 사신이 왔을 때 연회를 베풀던 곳이다.

유학자임에도 풍수지리를 전혀 근거 없는 것으로 치부하는 것 역시 매우 근거없다고 하고, 나도 생각하기에 풍수지리를 따르지 않기로 했으면 몰라도 만일 부득이 고려하게 된다면 마땅히 풍수지리에 밝은 자의 말을 참고하는 것이 옳을 것이오. 풍수에 밝은 자가 말하길 '지금 경복궁은 명당이나 물이 없다'고 하니, 내가 궁성의 동서편과 북쪽에 못을 파고 도랑을 내어 물을 끌어오고자 하는데 어떻소이까?"

모든 신하들이 좋다고 했다.

"경복궁의 오른팔은 대체로 산세가 낮고 평퍼짐하여 널리 헤벌어져 품에 끌어안는 형국이 없소. 남대문 밖에 못을 파고 문 안에 건물을 지어 하늘의 팔을 보강하라는 뜻으로 '지천사支天寺'라 이름한 것은 그런 이유였소. 나는 남대문이 이렇게 낮고 평평한 것은 당초 공사를 하면서 일부러 땅을 파낸 때문이라고 생각하오. 이제 높이 쌓아 올려서 그 산맥과 잇닿게 하고 그 위에다 문을 설치하는 것이 어떻겠소? 또 청파역青坡驛에서부터 남산까지 잇닿은 산맥의 여러 산봉우리들과 흥천사興天寺 북쪽 봉우리에는 소나무를 심고 가꾸어 무성하게 우거지게 하는 게 어떠하겠소?"

모든 신하들이 좋다고 했다.

"경복궁의 왼쪽 팔 되는 문서 보존 창고인 가각고架閣庫 서편 산기슭이 계곡의 냇물이 불어났다 줄었다 하는 바람에 패이고 무너진 곳이 많아 전에도 이양달李陽達이 여러 번 청했으니 이제 내가 성을 쌓고 물길을 돌리고자 하는데 어떠하오?"

모든 신하들이 좋다고 했다.

"궁성 북쪽 산길로 사람들이 드나드는 것이 마땅치 못하므로 담을 쌓아 막고자 하는데 어떻겠소이까?"

신하들이 말했다.

"좋습니다마는 무릇 이런 공사들을 일시에 한꺼번에 하는 것은 어려우니 먼저 할 것과 나중 할 것, 급한 것과 급하지 않은 것을 헤아려 차례대로 해야 할 것입니다."

이에 왕이 황희, 노한, 신상 등에게 풍수지리를 아는 사람을 데리고 가서 못을 팔 곳과 소나무 심을 곳을 보도록 명했다.

1433년(세종 15) 7월 21일

부러진 들보와 기둥은 고쳐야 하오

사간원에서 글을 올렸다.

"백성들에게 공역에 종사하게 하는 것은 국가의 중대한 일인 까닭에 반드시 때와 형편을 헤아린 뒤에 신중하게 해야 할 것입니다. 경회루의 처마 보수, 강녕전 개조, 궁성 북문의 물시계 보관소, 남대문의 흙담장, 궁성 동서쪽의 못 파기와 도랑 내기, 남대문 밖의 웅덩이 파기와 석축 공사, 혜정교* 다리 옮기기 등의 모든 일들을 올 가을에 시작한다는 말을 들었습니다. 돌이켜보건대, 지난 몇 년간 궁궐 보수 공사가 끊이지 않아 부역하는 일꾼들이 몸을 쉬고 싶어하고, 올해에는 일찍 가뭄이 들어 곡식이 자라지 못했고 또 홍수가 닥쳐 피해가 적지 않아 장래가 걱정됩니다. 마땅히 흉년 구

* 현재 서울시 광화문우체국 북쪽에 있던 다리로 혜정교터惠政橋址 비석에는 이렇게 적혀 있다. "'중학천中學川' 위에 놓였던 다리로 복청교福淸橋라고도 하며, 이곳에서 탐관오리들을 공개적으로 처형하기도 했다."

제책을 마련하여 백성들의 불쌍한 처지를 돌봐주어야 할 때입니다. 더구나 북쪽 오랑캐가 변경을 어지럽혀 국경을 자주 침범하니 방책을 두르고 성을 쌓으며 군량미를 저장해야 할 일도 여간 급하지 않습니다. 이런 때에 이와 같은 여러 가지 공사들을 한꺼번에 시작하면 서울이나 지방의 백성들이 피곤할 것이니 지금 굳이 급하게 서두를 일이 아닙니다. 백성은 나라의 근본이니 근본이 튼튼해야 나라가 편하다고 했습니다. 전하께서는 이를 염두에 두고 우선 이 공사들을 멈춘 다음 풍년이 들기를 기다려 시행하길 바랍니다."

왕이 말했다.

"경들의 말이 옳소. 그러나 부러진 들보와 기둥은 반드시 고쳐야 할 것이오."

1433년(세종 15) 7월 27일

물가를 잡아야 합니다

유학 박종직朴宗直이 글을 올렸다.

"지금 경상도와 전라도는 일찍이는 가물고 늦게는 수해가 있어서 벼가 말라죽거나 썩었습니다. 나머지 6개 도도 어떤 곳은 작황이 괜찮으나 다른 곳들은 피해가 많습니다. 그래서 올해 안으로 양식이 끊어지게 되었으니 참으로 걱정입니다. 중앙과 지방에서 빌려준 곡식과 묵은 빚은 내년에 추수한 뒤를 기다려 징수하게 하소서. 황해도와 전라도에서 배를 갖고 있는 자들에게 물리는 세금으로 해산물을 내도록 하고 있습니다. 그런데 징세를 담당하는 관청의 종들에게 돈을 주고 대납토록 하는 관행이 있는데, 좋은 물건은 이들이 빼돌려 개인적으로 쓰고 하등품으로 상납하니 간악하기 그지없습니다. 앞으로 각 고을에서 직접 물건을 받아 감시하고 물건을 봉한 뒤 고을 관리와 선주들이 직접 상납하게 하면 간교한 무리가 장난을 칠 수 없을 것입니다. 또 곳곳의 배터거리에는 나라에서 운영하는 배 이외에 개인이 운행하는 배(사선私船)들이 있어 요금을 비싸게 받고 있습니다. 지금부터는 사선을 일체 금하도록 하소서. 경시서京市署(도성 안 시장을 관리하는 관청)에서 말과 되에 낙인을 찍어 공인된 용기로 부피를 재고 있으나, 용기에 채운 뒤 윗부분을 마질할 때 반반한 막대기 평미레를 쓰지 않고 대충 손으로 훑는 데 그치는 까닭에 많게 하고 적게 함이 마음먹기에 달렸습니다. 경시서에서 마질하는 때에 쓸 평미레에도 낙인을 찍어 나누어 주소서. 물가를 올리고 내리는 일을 시장의 상인들이 제 마음대로 조종하도록 내버려두는 것도 매우 옳지 못한 일입니다. 풍년과 흉년에 따라 춘하추동의 시장물가를 경시서에서 정해 올리고 내리도록 법을 만드소서."

왕이 이를 보고 예조에서 의정부와 함께 의논한 뒤 안을 올리라고 명했다.

1433년(세종 15) 10월 28일

한양에 가깝다는 죄

사간원에서 글을 올렸다.

"소인들의 원망은 춥고 더운 때에 더 절박합니다. 국가에서 얼음을 저장할 때 으레 경기도 내의 백성들을 사역시키는데, 금년에 와서는 충청도와 강원도의 백성들을 부역시키니 이들이 양식을 싸 가지고 올라와 얼음이 굳게 얼 때까지 기다리느라 여러 날 머물러 굶주림과 추위에 너무나 몸이 시달려 그 괴로움이 막심합니다. 대체로 겨울에 얼음을 저장하는 것은 여름철에 음양을 조화시켜 화기和氣를 부르자는 것인데, 그에 앞서 백성들을 사역시켜 몹시 추운 날씨에 원망을 일으키게 하는 것이 옳겠습니까? 지금부터 신하들에게 여름철에 얼음을 나누어주는 일(반빙頒氷)을 줄이고, 얼음창고(빙고氷庫)의 칸을 줄여 백성들의 사역을 감해 주소서."

1438년(세종 20) 11월 23일

그때도 파파라치가 있었다

의정부에서 글을 올렸다.

"지금 백성들의 살림살이에 어려움이 많은데, 여기에 채금경차관採金敬差官(금을 채취하는 업무를 관장하는 파견관)을 나누어 보내니 그 폐해가 많습니다. 내년부터는 경차관을 보내지 말고 채금 기술에 능한 자를 여러 도에 보내 그 기술을 가르쳐주고, 기술이 어느 정도 숙련된 뒤에 각 고을 수령들이 기술을 배운 자들에게 다시 금을 캐게 하면서 친히 이를 감독하게 하소서. 그리고 광역지역을 관할하는 감사와 같은 수령관이 각 군을 돌며 채금 상황을 실사하되, 5년을 단위로 각 군에서 캔 수량과 소요 인원과 날수를 따져서 매년 납부하는 정기 공물의 양을 정해주고, 원래 지정되었던 금 외의 공물은 금이 나지 않는 각 고을로 적당히 부담을 나누도록 하소서. 그리고 혹시 채금하는 자가 국가의 일을 한답시고 위세를 부리거나, 가만히 뇌물을 받고 금이 나는 곳을 나지 않는다고 한다든가, 많이 나는 곳을 적게 난다고 거짓말하거나, 사사로이 금을 훔쳐가는 등 이와 관련된 모든 부정한 행위에 대해서는 사람들이 고발하거나 진정하도록 하여 수령이 감사에게 보고하면 감사가 법에 따라 처벌하도록 하고, 훔치거나 빼돌린 금의 일부는 고발자에게 포상금으로 지급하도록 하소서. 그리고 금이 나는 곳을 알린 자에게도 포상이 있어야 할 것입니다. 그리고 반대로 부정행위를 알고도 고하지 않거나 남에게 금을 준 자는 수령관과 수령들에게 현장을 실사하여 밝힌 뒤 모두 처벌하소서.”

왕이 그대로 따랐다.

1441년(세종 23) 8월 22일

모판이 마르고,
이삭이 패지 않는다

지평 김인민 金仁民과 우헌납 신후갑 愼後甲이 잇따라 글을 올렸다.

"나라에서 세금을 걷기 위해 현장에 나가 농사 작황을 살펴보고 정하도록 했으나 공정하게 이루어지지 않고 있습니다. 농간과 횡포가 있을까 염려하여 충청, 경상, 전라도에 토지세를 매기는 법(공법貢法)을 만들고자 하니 그 순수한 동기는 이해할 만합니다. 그러나 이 법이 한 번 세워지면 조세가 차츰 무거워져 백성들의 생계가 날로 어려워질 것입니다. 금년에는 여름부터 가을까지 가뭄이 매우 심하고 태풍의 피해까지 있었습니다. 경기·충청도의 해변에 있는 각 고을은 백성들이 농사에 실패하여 지금 당장 먹을 것이 끊어져 아침 저녁으로 슬픔에 잠겨 탄식하고 있습니다. 곡식을 풀어 구제하지 못한다면 목숨을 부지하기 위해 모두 다른 고을로 옮겨가 식량을 구할 것이나, 곡물이 여물었다는 고을도 따지고 보면 흉년이 든 고을과 별 차이가 없습니다. 전라도와 경상도의 벼 곡식의 손상 정도와 여물은 정도에 관해 신들이 보고 들은 바 없어 정확히 말할 수 없습니다. 다만 신들이 보고 들은 충청도의 경우에는 어떤 곳은 모판이 말랐고, 어디에는 모는 자랐으나 이삭이 패지 않았으며, 이삭이 팼어도 영글지 않아 가뭄의 피해를 입어 황폐하게 된 곳이 열에 다섯은 되어 백성들의 생활이 참으로 곤궁합니다. 풍년이 든 곳이라면 공법을 시행해도 괜찮다고 할 수 있으나 손상된 곡식이 많고 결실된 곳은 적어 백성들이 먹는 것도 충당하기 어려운 판에 어디에 남은 곡식이 있어서 조세를 낼 수 있겠습니까? 이런 까닭에 농사에 실패한 고을에는 공법이 타당하지 않다는 것입니다. 하물며 이 법은 원래부터 좋고 나쁜지를 시험해보기 위한 것이었으니 유익이 있으면 시행하고 그렇지 못하면 시행하지 않는 게 맞습니다. 지금 옳지 않다는 걸 알면서도 그대로 시행하는 것은 법을 만든 뜻에도 어긋나니 우선 공법을 정지하고 현장을 살펴 세금을 걷도록 허락하여 백성들을 위로해주면 매우 다행이겠습니다. 만약 풍년이 든 고을에는 갑자기 공법을 파할 수 없다고 한다면, 우선 농사에 실패한 고을만이라도 공법 시행을 정지해 주시기 바랍니다. 신들이 눈으로 현장을 보았기에 침묵할 수 없어 전하께 글을 올렸습니다."

왕이 대답하지 않았다.

1444년(세종 26) 윤7월 28일

조세와 각종 공물의 납부, 군역, 나라의 공적인 일에 노동력을 제공해야 하는 부역은 국가 운영에 필수적인 요소였지만, 백성들에게는 그만큼 부담이었다. 지금도 그렇지만 특히 왕조시대에 백성들의 삶이 윤택한지 피폐한지는 상당 부분 조세와 공역 부담의 적정, 형평성에 달려 있다고 해도 과언이 아니다. 조세와 공물의 효율적인 징수와 집행, 이에 따른 백성들의 민원 해결이란 과제를 안고 파견되는 것이 경차관이었다. 경차관은 조선이 개창된 이후인 1405년(태조 5) 8월경부터 파견된 기록이 보인다.

경차敬差는 중국에서 보내는 사신을 가리키는 말인 흠차欽差에 상응하는 명칭으로 '왕의 뜻을 받든다'는 의미를 지니고 있었다. 조선 초기 경차관은 국가의 재정, 사법, 민생 등 여러 정책을 추진하기 위해 지방으로 파견된 당하관급 봉명사신奉命使臣이었다. 2품 이상을 임명할 때는 왕이 대상자의 이름 위에 붓으로 점을 찍어 직접 선택했지만, 경차관은 3품 이하를 임명하는 방식에 따라 구두 지시로 임명되었다. 군기軍器의 점고點考(일일이 수를 헤아리다)나 대여진 또는 대왜 외교업무 등을 담당하는 경우도 있었지만, 주로 국가 재정 충당과 관련하여 손실이나 재해에 따른 농작 현황 파악, 농지 면적 계량 등의 업무를 담당했다. 또 굶주린 백성들에 대한 양곡 대여나 구휼, 각종 재판과 집행의 미결사건 처리와 옥사의 형평성 파악, 노비를 포함한 지명수배자 추포의 업무를 맡기도 했다.

이들의 활동 기간은 대개 1~2개월 미만이었고, 여기에는 해당 지역 수령에 대한 규찰이 포함되어 있어 잘못이 적발된 수령은 4품 이하는 바로 처벌당하고, 3품 이상은 중앙에 보고하여 사헌부의 탄핵에 따라 처벌되었다. 이들은 임무를 마치면 서울로 돌아와 왕에게 그 활동을 보고하고 받은 사명을 반납, 즉 복명復命해야 했다. 이때 나온 보고 결과는 각종 정책이나 인사에 직접적으로 반영되기도 했다.

공물의 경우 지방 현지에서 수령이 공물대장에 기재된 공물을 준비하여 아전들에게 각 관청에 운반하도록 하고 이때 담당자는 납부한 관청에서 증명서를 받아오게 되는데, 대납의 경우 대납자가 현지 수령에게서 공물대장을 받아 자신의 책임하에 그 물건을 조달하여 해당 관청에 납부한 뒤 증명서를 받아 현지에 가서 대납가를 징수하는 방식으로 이루어졌다. 그러나 상인들과 관아의 아전들이 결탁하여 폭리를 취하므로 그 폐해가 상당했다. 원래 《경국대전》에서는 대납을 허용하지 않고 있었다. 공물의 경우 그 지역 산물에 따라 백성들에게 부담이 가중되기도 했고, 한양에 가까운 경기도 일대의 백성들에게는 다른 지역보다 부역 동원도 잦은 편이었다.

제5장

조선의 사법제도

목숨은 다시 살릴 수 없다

의정부 낭사郎舍가 글을 올렸다.

"예부터 형벌은 시행할 적에 신중했습니다. 특히 사형에 해당하는 죄는 반드시 피고인에게 세 번 상소할 기회를 주어 여러 번 심리한 뒤에 판결을 내리도록 했는데, 이는 형전刑典에 실려 온 나라에 반포된 바 있습니다. 사람의 목숨은 한 번 잃으면 다시 살릴 길이 없으니 그만큼 인명을 중하게 여기기 때문입니다. 최근 변남룡卞南龍 부자가 망령된 말을 하여 여러 사람들을 현혹하여 사회를 어지럽게 했으니, 그 죄상을 신문하고 죄명을 밝혀 사형 판결을 내린 것 자체는 큰 잘못이 없습니다. 그러나 죄인에 대한 신문과 판결 확정이 모두 하룻 동안에 이루어졌으니 이는 예전부터 죄인에게 상소의 기회를 주던 전례에 어긋났습니다. 이제부터 나라 안팎에서 올라오는 사형에 해당하는 죄인의 사건은 반드시 의정부로 다시 한 번 내려보내 합당한 의논을 거쳐 판결하게 하십시오. 또한 형 집행에서는 전하께서 좋은 음식과 풍악을 중단하고 마음을 비우고 생각을 정돈한 뒤에 명령을 내리면 백성들이 숙연히 그 죄가 결코 용서할 수 없다는 사실을 잘 알게 될 뿐 아니라, 전하의 생명을 긍휼히 여기는 뜻이 백성에게 바로 전해질 것입니다. 이렇게 해야 예부터 내려오는 재심 제도가 사문화되지 않고, 형벌이 함부로 남용되는 잘못이 없을 것입니다."

이 상소문을 받은 왕이 후회하고 재심을 허락했다. 그리고 사건을 심리한 대사헌 김약채와 형조전서 이황 등을 파면했다.

1401년(태종 1) 2월 10일

친족은 사건을 심리할 수 없다

사간원에서 글을 올렸다.

"대사헌 최유경의 아들인 최사위가 수년 전에 노비 소송에 관한 업무를 맡아보면서 김귀진金貴珍의 어미를 잡아다 조사한 뒤 판결문에 서명을 한 바 있고, 집의 이지직과 장령 민설閔渫 역시 김귀진이 천민인지에 관한 사건 심리에 관여한 바 있습니다. 그런데 지금 김귀진이 자신이 양인이라 주장하여 다시 소송이 되었으니 최유경은 친족이 같은 곳에서 근무하거나 동일한 사건을 심리해서는 안 되는 법에 의해 이 사건을 처리해서는 안 됩니다. 이지직과 민설은 마땅히 사건을 피해야 할 것이지만, 이들이 모두 버젓이 사건을 맡아 심리하고 판결했으니 그 죄를 논하지 않을 수 없습니다. 하물며 4월 27일 주상께서 지평 한옹韓雍에게 김귀진이 천민으로 분류된 이유를 묻고 '마땅히 잘 생각하여 처리하라' 했는데, 이지직 등이 이 말씀을 듣고도 태연하게 심리에 관여하여 위로는 왕의 명을 어기고, 아래로는 사헌부의 직무규정을 위반했으니 더욱 그 책임을 묻지 않을 수 없습니다."

이에 왕이 최유경 등을 모두 파면했다.

1404년(태종 4) 5월 15일

신문고가 악용되고 있다

지형조사 정역鄭易이 글을 올렸다.

"국가에서 바닥 민심이 위에 이르지 못할까 염려하여 신문고를 설치하고, 사람들에게 와서 치도록 허락하여 왕의 총명을 막거나 가리는 근심을 없애니, 이것은 진실로 좋은 법이요 아름다운 뜻입니다. 그런데 간사하고 포악한 무리가 법을 세운 뜻을 살피지 않고, 다만 탐욕스러운 이기심을 좇아 교활함을 무기로 온갖 말을 꾸며 자기 뜻에 맞지 않으면 무조건 판결이 잘못되었다고 하고 문득 북을 쳐서 왕께 직접 아룁니다. 이렇게 해서 전하의 지시를 받아 그 재판 과정을 되짚어 직접 판결을 하기도 하고 관리를 시켜 잘잘못을 다시 따져보게도 하는데 비록 무고로 판정났더라도 극형을 가하지 않습니다. 그 결과 사람들이 법을 우습게 여기 일단 북을 치고자 덤벼들고 관리들에게도 이를 가지고 위협합니다. 이렇게

《태종실록》의 신문고 설치 관련 기사

신문고申聞鼓는 1401년에 왕이 백성들의 억울한 일을 직접 들을 목적으로 대궐 밖 문루
門樓 위에 달았던 북이다.

되어 신문고라는 것은 원통하고 억울한 것을 펴서 왕의 총명을 막고 가리는 것을 없애기 위한 것이 아니라, 간사한 무리가 기망欺罔하는 도구가 되었습니다. 이제부터 북을 치는 자가 소송하는 사건은 그 진위를 세밀히 따져 고소한 것이 거짓이면 재산과 노비를 몰수하고 본인은 수군水軍에 복무토록 하고, 만일 진짜 억울한 점이 있다면 그 일을 처리한 관리에게도 죄를 엄히 묻도록 하소서.”

1404년(태종 4) 9월 19일

종친의 살인죄

종친인 이백온李伯溫이 계집 종의 남편 오마대吾ケ大를 죽였으므로 대사헌 이내李來 등이 글을 올렸다.

"요즈음 이백온의 살인죄에 관해 처벌을 구하는 상소를 두 번이나 올렸으나 허락을 받지 못해 마음이 아픕니다. 신들이 알기로 천자天子의 아버지가 사람을 죽여도 형벌을 맡은 자는 법으로써 죄를 논하고, 천자가 사사로이 용서할 수 없다고 했는데, 이제 전하께서 이백온이 종친이라 하여 만세의 법을 무너뜨려 후대의 비난을 자초하는 게 옳은 일입니까? 그 죄를 국문하고 법대로 처벌하여 죽임을 당하고 눈물을 머금은 영혼을 위로하고 낳고 키우는 천지의 기운을 따뜻하고 부드럽게 하소서."

그러나 왕이 허락하지 않아 이내 등이 대궐 뜰에 나와서 왕을 우러러 보며 말했다.

"이백온의 죄는 마땅히 사형에 해당하니 용서할 수 없습니다."

그러나 왕이 역시 허락하지 않았다. 이내 등이 거듭 청해도 왕의 승락을 받지 못하자, "만약 율律대로 따르지 않으려면 죄를 낮추어 장杖 100대를 치고 먼 지방에 귀양을 보내소서" 했으나, 왕은 허락하지 않고 "성 밖으로만 내보내겠소" 했다.

이내 등이 물러가서 대궐 문 앞에 엎드려 상소하니 왕이 의금부에 장형을 집행하도록 했다. 이에 이내 등이 "본래 신들이 탄핵하여 죄주자 한 것이니 신들에게 매를 치게 함이 마땅합니다" 했으나, 왕은 형벌 집행을 왕족에 관한 일을 맡아보는 관아로 이관시켜 의금부와 함께 장 60대를 쳐서 함주로 귀양 보내라는 명을 내렸다.

그러자 사헌부에서 사람을 시켜 이백온을 꽁꽁 묶어 종부시宗簿侍로 보냈더니 왕족 중의 한 명인 이천우李天祐 등이 이 사실을 왕에게 고자질했다. 왕이 노해 지평 이흡李洽을 불러 포박까지 한 이유를 묻고, 이흡을 결박하여 의금부에 가두었다. 이내가 말했다.

"종부시는 원래 형벌을 담당하는 관청이 아니고, 다만 종친에 관한 계보를 관리하고 잘잘못을 살피는 일만을 맡았을 뿐인데, 지금 살인한 죄인을 사헌부에서 매섭게 다스릴 것을 염려하여 의금부로 옮기고, 또 의금부에서도 사정을 봐주지 않을 것 같아 종부시로 옮기게 했으니 이것이 무슨 법에 해당합니까? 이백온의 형인 이조李朝가 전에 이미 사람을 죽인 바 있고, 이백온이 지금 또 사람을 죽였습니다. 진실로 전하의 거룩한 덕에 흠을 남긴 것입니다. 이제 이백온이 용서받지 못할 죄를 범했는데, 비록 포박해 보낸다

할지라도 무엇이 바른 도리에 어긋난 것이겠습니까? 또 그가 날래고 용맹스러워 쉽게 도망칠 것을 염려했기 때문에 포박한 것입니다."

왕이 말했다.

"경은 이씨李氏 왕실의 신하가 아니오? 어찌하여 왕의 친척을 이처럼 대접하시오?"

이내가 말했다.

"신들이 그를 포박해 보낸 것은 종친을 욕보인 것이 아니고, 전하의 덕을 세워드린 것입니다."

그러고 나서 모두 집으로 돌아가 관아에 출근하지 않았다.

1405년(태종 5) 5월 11일

몰수형은 너무합니다

공조판서 이맹균李孟畇 등이 글을 올렸다.

"서울과 지방의 개인 선박(사선私船)은 공조와 배가 있는 각 고을에서 3~4척 혹은 6~7척이 한 선단을 이루어 출항증명서를 받아야만 바다에 항행이 가능합니다. 그런데 항해 중에 그 선단에서 떨어져 나와 항로를 잃었다든지, 오가는 도중에 중간 기항지에 들러 검사를 받지 않으면 법에 의해 그 배와 배에 실은 물건은 모두 몰수하게 됩니다. 당초 이 법을 시행한 이유는 홀로 항해하다가 왜적에 사로잡히게 될까 염려되기 때문입니다. 그래서 고의로 법을 위반한 자들에게는 배와 화물을 모두 몰수해도 되겠지만 풍랑을 만나 어쩔 수 없이 선단에서 멀어졌다든지, 항로가 바뀌어 중간에 정박할 기회가 없었다든지 하는 자들에게는 죄에 따라 처벌을 받고 아울러 몰수형도 받는 것은 과중합니다. 어리석은 백성들의 원망

과 탄식으로 화기를 상할까 두려우니 사법당국에 다시 형벌 시행
기준을 논하게 하고 선박과 화물의 몰수형은 가능한 한 금해 어렵
게 사는 백성들의 고충을 위로하소서."

  왕이 허락했다.

1425년(세종 7) 6월 23일

공신 자손도 전과 기록을 남겨야 한다

대사헌 김익정金益精 등이 글을 올렸다.

"덕 있는 자를 높이고, 공 있는 자에게 갚아주며, 악을 징계하고, 선을 장려하는 것은 아랫사람을 다스리는 근본이니 이것 중 어느 하나에 치우치거나 다른 하나를 뺄 수 없습니다. 이 나라 개국에서부터 지금까지 나라의 운명을 결정하는 큰 사건에서 공신들의 공은 영원할 것이니 마땅히 다른 사람들과는 다른 은총을 받아야 할 것입니다. 그래서 태조·태종께서도 이들의 작위爵位를 높여 존귀하고 영광스럽게 하고 후세까지 그 은택이 미치도록 했습니다. 이에 공신의 자손들에게는 어질거나 어리석거나를 따지지 않고 벼슬을 주셨습니다. 덕이 있는 이를 높이고 공이 있는 이에게 보답함이 이보다 더할 수 없습니다. 한편 공신의 자손이 된 자로서는 마음을 바로잡고 근신하여 할아버지와 아버지의 충성을 본받고 왕의 은혜에 조금이라도 보답하는 것이 마땅합니다. 그런데 그 중에는 젊은 나이에 함부로 행하고 망령된 행실을 일삼는 무리가 있습니다. 이들은 탐욕을 부리며 나라의 법을 우습게 알아 1년에 2번씩이나 죄를 범하는 자도 있습니다. 그렇지만 공신의 자손이란 이유로 죄의 경중을 막론하고 모두 용서를 받으니, 악을 징계하고 선을 권장하는 뜻에 어그러집니다. 만일 일찍부터 징계하지 않아 그 교만과 방종이 더욱 심해져 나중에 중죄라도 지어 생명을 보전하지 못하는 자가 있을지도 모르는데, 그렇다면 이는 오히려 나라에서 공신들을 아끼고 사랑하는 마음에 거스르는 것입니다. 지금 공신의 자손들이 사사로이 저지르는 범죄 중에는 부역을 피해 도망한 자들을 숨겨 수하에 두거나, 집과 밭을 몰래 팔아버리는 일들이 있습니다. 지금 법에 따르면 범죄를 저지른 공신은 초범初犯이면 죄를 면제하되 명부名簿에 죄명을 적어 놓기만 했다가, 재범이면 봉급 절반을 감액하고, 삼범이면 봉급 일체를 지급하지 않으며, 사범이면 일반인과 같이 법에 따라 처벌하도록 되어 있습니다. 지금부터 그 후손들은 초범인 경우 명부에 죄명을 기재하고, 삼범부터는 법에 따라 처벌하게 하면 이로 인해 범법 행위의 근원도 막고 공신의 후손들을 보전하는 데 매우 유익하겠습니다."

왕이 상소문을 읽고 의정부와 육조에 내려 같이 의논하여 의견을 올리라고 했다.

1425년(세종 7) 12월 10일

오심으로 죽은 자가
아홉이나 됩니다

대사헌 신개申槪 등이 말했다.

"국가의 토대를 튼튼하게 함은 백성의 목숨을 중하게 여기는 데 있고, 백성의 목숨을 중히 여긴다 함은 형벌을 삼가는 데 있습니다. 한 사람이 허물없이 억울하게 죽어도 화목한 기운을 상하게 할 것인데, 지금 평양의 백성들 중 강도로 거짓 모함당해 고문당하고 채찍에 맞아 결국 목숨을 잃은 자가 10명에 이르렀으니 어찌 기운을 상하게 하고, 나라의 원기元氣를 병들게 하지 않겠습니까? 형조에서는 억울한 옥사와 중한 죄를 흐리멍덩하게 살피지 않고, 의정부에서는 형조에서 올라온 판결만을 인용하고 다시 심리하지 않았으니 만일 전하의 일월 같은 밝은 통찰력이 없었다면 지금 살아 있는 5명도 머잖아 원귀冤鬼가 되었을 것입니다. 이 일에 관련된 감옥의 책임을 맡은 자와 평양 감사는 이미 죄를 받아 처벌되었으나,

오직 형조와 의정부는 아무 일도 없다는 듯 그 자리를 보전하고 있습니다. 전하께서는 형조판서 정흠지, 참판 박규, 참의 이숙치, 정랑 민신과 박근, 좌랑 이인손, 정함, 이종범, 의정부 우의정 맹사정, 찬성 허조, 참찬 오승, 이맹균, 사인 윤형, 조서강 등을 특히 꾸짖고 벼슬을 깎고 파면하여 후일의 본보기가 되게 하소서."

왕이 말했다.

"이 일은 사면 전에 있었으므로 처음에는 따로 책임을 묻지 않으려 했으나, 조뇌와 조종생 등은 항상 평양에 있으면서 몸소 사건을 다루었으면서도 자세히 살피지 않았으니 그 죄를 묻지 않을 수 없었소. 그러나 의정부와 형조에서 마음을 써서 자세히 살피지 않았다고 할 수는 없소. 죄인이 자백하여 신문조서가 이미 작성되어 있었고 장물도 드러나 있으니 어떻게 이들의 자백이 허위라는 것을 알 수 있었겠소이까? 본래 허물이 없는데 하물며 사면 전에 이루어진 일을 가지고 대신에게 죄를 주는 것은 옳지 못하오."

지평 이사증李師曾이 말했다.

"아무 잘못없이 오심 판결로 형벌을 받아 죽은 자가 9명이고, 겨우 목숨을 보전한 자가 5명입니다. 의정부와 형조에 있는 자가 형사재판과 집행절차를 바르게 살펴보지 않아 무고한 백성을 사지로 몰아넣었는데, 이를 두고 징계하지 않으면 장차 무엇을 두려워하겠습니까? 사면 전에 있었던 일이라 하여 다른 형벌을 가하는 것이 어렵다면 조뇌와 조종생의 경우와 같이 직첩을 거두는 것이 마땅합니다."

왕이 말했다.

"의정부와 형조의 경우에는 감사들의 죄와는 성격이 아주 다르오. 감사는 스스로 사건을 심리하여 눈 앞에서 9명이 죽는데도 놀라거나 이상하게 생각하여 마음을 써서 사건을 자세히 살피는 데 소극적이었으니 그 죄가 크오. 그렇지만 사면 전의 일이라 이들을 파직하는 데 그쳤소. 의정부와 형조에서는 지방에서 작성되어 올라온 문안에 의거하여 그대로 시행한 것일 뿐, 이들이 어찌 억울한 옥사인 줄 알았으리오. 나는 허락하지 않을 것이오."

이사증이 또 말했다.

"의정부와 형조에서 전일 영흥의 군수창고에 불을 지른 사건의 범인이라 하여 조사하고 사형 판결을 내렸을 때도 성상께서 무죄를 밝혀 석방하도록 한 전력이 있습니다. 그렇다면 더욱 마음을 다해 정밀하게 살펴 형벌권 행사에 잘못이 없도록 해야 할 터인데, 지금 또 이렇게 직무에 소홀히 했으니 책임을 물으소서."

이에 왕이 말했다.

"영흥의 사건에서 판결을 잘못한 죄는 이미 의정부와 형조의 책임이 서로 달라 형조만을 꾸짖고, 의정부는 도로 직임을 맡도록 명한 바 있소. 율에 잘못을 저지른 책임이 없는 행위는 죄를 가하지 않아야 마땅하지 않은가?"

1431년(세종 13) 6월 13일

판사의 오판인가?
백성의 오기인가?

충남 공주에 사는 맹인 박생이 노비 사건이 잘못 판결되었다면서 진정하여 사헌부에 명해 사실관계를 조사하게 했는데, 사헌부에서 아직 심리가 끝나기도 전에 박생이 다시 고소장을 제출했다.

"지금부터 11년 전인 1420년에 지면천군사 박안신朴安臣이 김용생에게서 노비 2명과 소와 말 각 2필과 잡곡 150석을 받고는 사건을 왜곡하여 판결했습니다."

이 밖에도 박생이 전 감사와 수령들을 고소하여 관련 사건들이 꽤 많았다. 이에 피고소인인 참판 박안신이 자신을 변론하는 글을 올렸다.

"박생의 노비 건은 12년 전인 1419년에 있을 때에 처리한 사건입니다. 박생이 일찍이 김용생과 김온 등이 부리던 노비와 양인 김찬과 광양을 자신의 집에서 선대부터 부리던 노비로 도망한 자들이라 하면서 함부로 붙들어 가는 바람에 박생과 김용생 사이에 소송이 벌어진 적이 있습니다. 그때 신이 박생의 주장이 허위거나 입증되지 않아 김용생에게 노비를 돌려줘야 한다는 판결을 내렸고, 후에 중국에 사신 일행으로 파견되어 다녀왔습니다. 귀국해보니 박생이 감사에게 '신이 김용생의 쌀 30석과 소와 말 2필을 받고 판결을 편파적으로 했다'는 진정을 해놓고 있었습니다. 이에 감사가 홍주 목사 박실, 판관 임목, 대흥 현감 박결을 시켜 박생이 주장하는 노비 소유권과 신이 받았다는 뇌물 혐의에 관해 조사했는데 어느 하나도 실상에 맞지 않아 박생은 무고죄에 해당하는 것으로 판정되었습니다. 그러나 그 몸의 장애로 인해 형벌 대신 속죄물을 내는 데 그치게 했고, 박생을 부추기고 함께 모의한 자들은 법에 의해 처벌된 바 있습니다. 금년 여름에 박생이 다시 '박안신이 김용생에게서 노비 2명을 받고는 사건을 왜곡했다'는 말을 퍼뜨려 신은 실로 답답하여 변론을 하고자 했으나, 마침 충청도 감사로 제수되어 지방에 나가게 되는 바람에 사헌부에서 알아서 조사할 것이라 여겨 스스로 말하지 못했습니다. 그런데 박생이 이제 고소장을 내어 신이 잡곡 100석과 소와 말 각 2필, 노비 2명을 받았다고 주장하는데, 신이 받았다는 물건도 때에 따라 들쭉날쭉 진술이 엇갈립니다. 일단 박생 사건과 관련된 판결은 지금 모두 그 기록이 남아 있으니 자세히 살피면 심리와 판결의 잘잘못을 밝게 아실 수 있을 것입니다. 박생은 신이 뇌물을 받았다고 주장하나 잡곡 100석과 소와 말 각 2필씩을 서로 몰래 주고받는 것이 가능하기나 하겠으며, 더구나 노비 2명을 받았다는데 사람을 어디에 감춰 둘 수 있겠습니까? 사실관계를 확인하는 것은 전혀 어려운 일이 아니니 바로 밝혀주소서. 저 소경이 일찍이 두 번이나 함부로 고소했다가 무고죄에 해당된다는 판정을 받았으나 매번 몸의 장애로 인해 속죄물을 내고 빠져나오니 아주 의기양양합니다. 신이 용렬한 재주와 천박한 학문으로 감히 성상의 은혜를 입어 중앙과 지방에 두루 벼슬하여 2품의 관직까지 이르렀으니 비록 공적은 없어도 이 태평성대에 조금이나마 보탬이 되겠노라 생각했습니다. 이제는 뇌물을 받는 더러운 관리로 고소당하고 선비의 기풍을 욕되게 하니 몸둘 바를 모르겠습니다. 지금 저 미련한 소경이 자신의 장애만을 믿고 거짓을 꾸며 모함하고 있으니 참으로 분하고 슬픕니다. 이 일이 어찌 박생 혼자서 꾸미는 일이겠습니까? 반드시 사주하고 같이 모의하는 자가 있을 것입니다. 무고죄는 실로 작은 죄가 아니니 사직당국에 신이 무엇을 받았는지를 끝까지 조사하여 만약 어느 조그만 것이라도 받은 것이 있다면 법대로 처리하여 주십시오. 만일 저 소경이 무고하여 죄 없는 자를 몰래 해치려 했다면 그 죄를 밝히 다스려 주심이 도리에 맞는 일일 것입니다."

왕이 황희, 맹사성, 권진, 신상, 정초 등을 불러서 김종서와 함께 의논하게 했다.

"지금 박생이 올린 글을 보건대 재판을 헐뜯고 판결한 자에게 뇌물 혐의까지 씌우고 있으니 반드시 몰래 사주하는 사람이 있을 것이오. 박안신이 글을 올려 자신의 억울함을 호소하는데, 만약 고소한 자를 처벌하면 앞으로는 정작 고소할 만한 사정이 있는 자도 두려워하여 고소에 주저할 것이고, 만약 죄를 주지 않는다면 재판 자체를 헐뜯고 욕하는 것을 방치하는 셈이어서 논죄하지 않을 수도 없으니 어떻게 처리하는 것이 옳겠소? 그 자가 사건의 실체가 왜곡되었다고 주장하니 사헌부에서 사건을 다시 심리하는 게 어떨까 하오. 장차 사헌부를 헐뜯지 말라는 법도 없지 않소."

황희를 비롯한 신하들이 말했다.

"이 소경이 재판이 잘못되었다고 강하게 주장하니 재심이 불가피해 보입니다. 이 자가 글을 올려 사헌부에 올라와 있는 사건이 아직도 심리가 끝나지 않았으니 불만이 있는 것도 이해가 됩니다. 마땅히 사헌부에 이 사람이 고소한 다른 사건들은 놔두고 먼저 노비 소유권에 관한 잘잘못을 판결한 후에 고소사건과 박안신의 상소를 함께 사직당국에서 조사하여 판단하도록 함이 옳을 듯합니다."

1431년(세종 13) 12월 24일

억울한 판결을 바로잡다

율학별좌 박유전朴有典이 글을 올렸다.

"잘못된 판결을 고치는 일은 오래 지체할 수 없습니다. 만약 원심 판결이 바른 것이라면 심리가 늦어져도 되겠지만, 잘못된 판결이라면 오랫동안 억울함을 바로잡지 못하니 어찌 원망이 없겠습니까? 지금 잘못된 판결에 대해 상소장을 써서 올리도록 하는 제도는 판결을 내린 담당 관원이 교체된 이후에 상소장을 내도록 하여 공정하게 심리를 재개할 수 있도록 하는 것이니 좋은 법이라 하겠습니다. 그러나 그 판결의 주심 판사가 바뀌었어도 같은 부서 내에서 사건 심리에 관여했던 다른 관리들이 모두 교체된 이후에 심리를 재개하면 여러 해가 되도록 억울함을 호소하지 못합니다. 또 재판 중에 당사자가 사망하기도 하여 그 원통함이 자손에 미치게 되는 사람도 있을 것이며, 판관들이 교체된 줄을 모르고 미처 상소장을 내지 못해 정해 놓은 기한에 상소장을 접수시키지 못한 사람은 그 원한이 적지 않을 것입니다. 지금부터는 지방관이 판결한 사건은 형조와 한성부에서 심리하여 판결을 바로잡고, 형조와 한성부의 오심 재판은 사헌부에서 바로잡게 하면 원통하고 억울한 사정이 줄어들 것입니다. 지금 천역賤役에 있는 자들 중에 부역을 피해 아비가 아들의 집에, 아들이 아비의 집에 숨게 되는데 이런 사건을 친족간에 서로 숨겨주는 경우 처벌을 면제하는 법률(친속상위용은親屬相爲容隱)에 의해 체포하여 처벌하지 않는다면 도망을 쉽게 여겨 부자지간에 서로 숨어 부역을 피하는 자들이 상당히 많게 될 것입니다. 지금부터는 부역을 회피하는 자를 숨겨준 부자는 함께 처벌하게 하소서."

왕이 의정부와 육조에 내려 함께 의논하여 안을 올리게 했다.

1432년(세종 14) 7월 21일

173

일사부재리 원칙

사간원에서 글을 올렸다.

"김자돈金子惇이 의금부의 전령관으로 있으면서 그 부하 나장 주실朱實의 안장을 빼앗았다는 말이 윤강尹江을 통해 들려 사헌부에서 이를 조사한 바 있으나, 마땅한 증거를 찾지 못했다며 사건을 종결했습니다. 이에 신들은 김자돈의 소행이 선비의 기풍과 관련이 있다고 보고 참을 수 없어 주실을 불러 진술을 받았습니다. 주실의 말은 '작년(1432년) 3월에 도사 김자돈을 호위하여 마포 쪽으로 간 적이 있는데 도사가 제 안장을 보고 서로 바꾸자고 하면서 이튿날 사람을 시켜 안장을 가지고 오라고 했습니다. 그리고 이튿날 다시 사람을 불러 부르기에 사양하고 피할 수 있는 일이 아니라 생각하여 안장을 가지고 갔더니 도사가 자신의 헌 안장과 저의 새 안장을 바꾸면서 면포 2필을 더 주므로 할 수 없이 안장을 주고 면포를 받아왔는데 지금 집에 있습니다'고 했습니다. 김자돈이 비록 빼앗은 것은 아니라 하더라도 관리의 몸으로 강제로 부하의 재물을 바꾸니 그 염치없이 탐하고 선비의 기풍을 더럽히고 무너뜨린 것이 이보다 심할 수 없습니다. 이와 같은 짓이 바로 지위의 남용입니다. 그렇지만 자신의 행위를 부끄럽게 여기지 않고 죄를 면하고자 뻔뻔하게 신문고를 쳤습니다. 신들이 안장 교환의 경위를 캐묻고자 했으나 이미 한 번 다른 사건과 엮여 종결되어 사헌부에서 소극적으로 나오는 바람에 어떻게 해볼 도리가 없었습니다. 그러나 강제로 재물을 바꾼 행위는 지난 사건과 별개로 구분하여 처리되지 않으면 옳지 못하니 사직당국에 사건을 회부하여 뒷사람을 경계하소서."

왕이 말했다.

"사헌부에서 다른 사건과 함께 처벌을 구했으나 내가 받아들이지 않았는데 어찌 이 사건만 따로 심리하여 탄핵할 수 있으리오."

이에 좌헌납 최사유崔士柔가 말했다.

"신들의 생각으로는 비록 죄는 논할 수 없으나, 장물은 원래 주인에게 돌려주는 것이 마땅합니다."

왕이 말했다.

"법을 만들어 놓고도 지키지 않으면 한갓 문자에 지나지 않으니 언관이 들은 바를 말하는 것은 아름다운 일이나, 이 또한 법의 테두리 안에서 이루어져야 할 것이오. 사헌부에서 이미 조사하여 종결된 사건에 관해 경들이 내 명을 어기고 글을 올렸으니 이 역시 법률 위반이고, 또한 털을 불어가며 남의 흉터를 찾는 것은 정치를 하는 도리가 아니오."

이에 최사유가 물러갔다. 왕이 승정원에 대해 이렇게 교지를 내렸다.

"사간원의 상소는 내 마음으로 그르다고 생각한다. 김자돈이 관리로서 안장을 바꾼 짓은 추한 일이다. 그러나 그 안장을 원 주인에게 돌려주기 위해서는 다시 김자돈에 대한 심문과 탄핵 절차를 거쳐야만 될 것이니, 만일 그렇게 되면 한 번 종결된 사건을 재론하는 것이니 옳지 못하다. 경들의 생각은 어떠한가?"

안숭선 등이 논의했다.

"이미 고소되어 종결된 사건을 다시 심문하고 탄핵하는 것은 마땅하지 못합니다. 그러나 이와 같이 탐하고 간사하여 외람되게 얻은 재물을 원 주인에게 돌려주지 않으면 정의에 반하게 됩니다. 또 김자돈의 행태가 뻔뻔하여 부끄러운 줄을 모르니 징계하지 않을 수 없습니다. 마땅히 사직당국이 그 안장을 거두어서 본 주인에게 돌려주고, 김자돈은 탐욕스러운 관리로 처벌해야 할 것입니다."

이에 왕이 말했다.

"이미 법이 그렇게 되어 있는데 어찌 법에 없는 불이익을 가할 수 있으리오."

1433년(세종 15) 2월 29일

연좌제를 금하다

사헌부에서 글을 올렸다.

"반역의 죄를 삼족三族에까지 미치게 함은 큰 죄악을 징계하여 나라의 기틀을 바로 세우고 간악한 싹을 잘라 역심을 끊어버리기 위함입니다. 이무李茂와 유기柳沂 등은 태종조 때에 간사한 당파를 널리 모아서 반역을 꾀해 나라를 위태롭게 했기 때문에 하늘이 미워하고 백성이 분노하여 이들을 죽이고 집을 몰수하며 이들의 삼족을 모두 법에 따라 처벌했습니다. 그런데 최근 유기의 동생인 유한柳漢이 갑자기 높은 벼슬에 등용되어 조정의 여론이 놀라고 소란하니 반역을 엄히 징계하고 간악함을 없애는 도리에 부합하지 않습니다. 태종 때에는 반역죄로 처벌받고, 전하의 시절에는 고위 관직에 오른다니 말이 되지 않습니다. 뒷날을 위해서도 좋은 선례가 아닙니다. 또한 신들은 이런 일이 빌미가 되어 반역죄에 연좌되어 평민으로 떨어진 다른 자들 역시 모두 신분 회복에 대한 헛된 기대를 가질까 염려됩니다. 유한의 관직을 거두셔서 그에게 이 태평한 시대에 백성 노릇이나 하면서 살아가게 하는 것이 그에게도 편할 것입니다."

왕이 허락하지 않았다.

1433년(세종 15) 7월 6일

잦은 사면이 범죄를 양산한다

사간원에서 글을 올렸다.

"옛날부터 무리를 지어 행패를 부리며 재물을 강탈하는 무리에 대한 백성의 원망이 그치지 않았습니다. 이 무리는 결코 용렬하거나 우매한 자들이 아닙니다. 오히려 성질이 사납고 포악하며 힘을 뽐냅니다. 마냥 놀면서 뚜렷한 일은 하지 않으면서 그 욕심대로 한없이 탐하여 도적질에만 힘을 써 낮에는 종적을 감추고 밤이면 나타나 행패를 부리고 강탈하여 좋은 옷을 입고 맛난 음식으로 배를 채웁니다. 이들이 도적질할 때 누가 막거나 고발하면 원수를 맺게 되어 보복을 당하니 관에 신고하는 것도 꺼리며, 비록 고발하여 체포한다 하더라도 이 무리에게 돌아가는 형벌은 매를 치거나, 몸에 죄인의 글을 새겨 넣는 것이 고작입니다. 도대체 이것으로서 잔인하고 흉포한 자들을 어찌 징계할 수 있겠습니까? 벌을 받은 그날

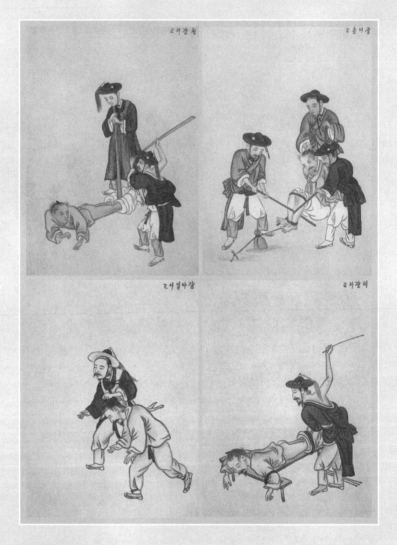

〈기산풍속도첩〉

《기산풍속도첩》은 19세기 말 풍속화가 김준근의 풍속화첩이다. 이 책에는 조선의 풍속화가 실려 있는데, 당시의 형벌을 그림 풍속화가 다수 실려 있다. 왼쪽부터 '곤장치고', '주리틀고', '태장치고', '잡아들이고'. (프랑스 기메동양박물관 소장)

로 다시 탐욕을 부려 즉시 도둑질을 감행하고 인명을 살상하며 물건을 강탈하니 백성들이 이를 원망하고 한탄하며 원수를 갚고자 해도 어찌할 수 없습니다. 일상의 평온함을 깨뜨리고 풍속을 어지럽히며 사회의 화목한 기풍을 손상하는 재앙이 이에 비할 것이 없습니다. 신들이 법조문을 살펴보니 '절도를 3번 범하면 교수형에 처한다'고 되어 있으나, 또한 법에 '사면령 이후에 범한 죄들만을 갖고 논한다'고 되어 있습니다. 나라의 각종 경사와 수재와 가뭄으로 인한 사면의 혜택이 없는 해가 없어 무리들이 스스로 죄과를 뉘우치지 않고 사면을 입은 다음날로 즉시 도적으로 돌아가 재범 혹은 3범에서 심지어 10범에 이르러도 끝내 극형을 받지 않는 자도 허다합니다. 그렇다면 사면의 은전이란 한갓 여러 도둑들의 악행만을 조장하는 데 불과하다고 할 것입니다. 실제로 이로 인해 서울 시내에서 도둑 맞지 않은 집이 없고 심지어 궁궐의 관물창고와 종묘 제사용품까지 도둑 맞는 데까지 이르렀으니 이는 다른 이유가 아니라 도둑을 다스리는 법이 엄하지 않은 탓입니다. 나라의 법을 두려워하지 않고 서울 안에서 이렇게 날뛰는데 하물며 지방에서는 어떻겠습니까? 신들은 태평성대에 흠이 되는 이 일을 개탄하여 마지 않습니다. 절도는 비록 초범일지라도 힘줄을 끊어 버려 용이하게 걷거나 달아나지 못하게 하면, 비록 상을 준다 해도 도둑질을 할 수 없게 될 것입니다. 이와 같이 하면 지금 시행되는 법이 도둑을 예방하는 데 무른 단점을 채우고, 반면 엄한 법을 통해 죄에 비해 가혹한 형벌을 받아 생명을 잃게 되는 일은 막을 수 있으니 전하의 생명을 긍휼히 여기는 마음에도 부합될 것입니다. 어찌 보면 이 법이 사람에게 평생 불구자로 남게 하므로 성군의 다스림이 이 어지는 오늘날 적당하지 않은 것 같으나 선을 권장하고 악을 징계 함은 제왕이 따라야 할 도리이고, 사정에 맞게 법을 만들어 적용하는 것은 지혜로운 군주가 행할 바입니다. 죄인이 불구가 되기는 하나 목숨을 부지하여 살아갈 수 있는 것만으로도 다행으로 여겨야 할 것은 이들로 인해 죄 없는 백성들은 어찌하여 재물을 약탈당하고 때론 목숨까지 잃어야 한단 말입니까? 몹시 애통한 일입니다. 한 죄인이 장애가 되어 여러 사람이 해를 면한다면 이득이 있지 않겠습니까? 신들은 전하께서 하늘의 해와 달같이 밝은 지혜로 결단을 내려 도둑을 없애는 방안으로 힘줄을 끊는 형벌을 시행하기 바랍니다. 만일 이 법이 만세까지 행할 수 없는 것이라면 한때 시험 삼아 적용해볼 수도 있을 것입니다."

이에 왕이 말했다.

"내가 시간을 갖고 생각해보겠소."

1436년(세종 18) 6월 14일

관리의 부정축재는
사면으로도 덮을 수 없다

사헌부에서 글을 올렸다.

"죄는 용서할 만한 것이 있고, 용서하지 못할 것이 있습니다. 용서할 수 있는 죄란 실수로 저지르거나 자신의 행위가 죄에 해당하는지 쉽게 분간이 가지 않는 경우를 말합니다. 용서할 수 없는 죄는 관리들의 부정축재행위입니다. 김상과 곽보민은 하나는 공신의 후예이며 하나는 양반의 후손으로서 노복들이 풍족하고 가산이 넉넉하여 평범한 백성들로서 굶주림과 추위로 물건을 도둑질할 궁핍한 처지에 있지도 않았습니다. 가난한 백성이 아침과 저녁 식량이 떨어져 겨우 한 말의 곡식을 훔쳐도 모두 죄로 다스리고 용서하지 않는데, 하물며 김상과 곽보민의 경우에는 모든 살림이 유족한 자들로서 나라 창고의 물품을 훔쳐낸 사실이 명백하게 밝혀졌으니 그 탐욕과 비루함이 이루 말할 수 없습니다. 마땅히 탐욕스러운 관리들을 엄히 징계해야 할 것인데, 지금 특별히 사면을 하고 먹물로 몸에 죄인임을 새기도록 하는 형벌을 면하게 하니 사면의 원래 취지에 부합하는지 신들은 매우 의아합니다. 옛날부터 하늘의 재앙이 있을 때 사면령을 내려 도둑과 죄수를 석방할 때는 매우 신중했습니다. 전하께서 본래 두 사람의 재물을 탐하고 벼슬을 더럽힌 죄를 알지 못했다면 모르겠으나 지금 그 모든 악한 사정을 알고도 법으로 다스리지 않고 놓아주면 부정하게 재물을 끌어 모으는 탐관오리들을 어찌 징계하겠습니까? 김상이 공신의 후예이니 실수로 저지른 죄는 용서할 수 있다고 하더라도, 이처럼 고의로 범한 죄를 조상의 공을 따져 덮어주게 되면 장차 이를 믿고 탐욕을 부릴 자가 잇달아 나올 것입니다. 곽보민의 도둑질한 물건이 수효가 적다 하고 또 창고에 있던 것이 아니라고 한다면, 지방의 수령들이 민간 창고에 위탁해 놓은 나라 물건을 도용하는 행위를 장차 어떻게 다스리겠습니까? 먹고 살기 힘든 백성이 곡식 한 말을 훔친 죄는 또한 어떻게 논할 것입니까? 이런 이유로 신들이 감히 전하의 심기를 불편하게 하면서도 상소를 올리는 것입니다. 법대로 죄를 주고 처벌하여 다른 이들을 경계하소서."

왕이 허락하지 않았다.

1437년(세종 19) 7월 14일

심신박약은 정상 참작 사유

사헌부에서 글을 올렸다.

"신하된 자는 군부君父를 공경하여 예절을 다하는 것이 본분이고, 만일 불경한 마음과 무례한 행적이 나타나면 나라의 법에 따라 처벌되는 것이 고금의 규칙입니다. 문사文斯라는 자는 일찍이 보배寶背를 간음하고 불의한 짓을 멋대로 했으니, 이런 일을 한다면 무슨 짓인들 못하겠습니까? 비록 마음에 숨기고 바깥 행위로 옮기지 않아도 그 정상이 뚜렷하면 법으로 논해야 할 터인데, 하물며 이미 행동으로 나타났는데 무엇을 망설이겠습니까? 저희가 일찍이 문사를 탄핵하는 글을 올렸으나 회개하지 않고 근신은커녕 사방으로 휘젓고 다니며 뻔뻔스럽게 행동하여 조금도 두려움이나 거리낌이 없으니 그 불경한 마음이 이미 밝게 드러났습니다. 그 죄가 참수형에 해당되나 단지 공신의 후손이라는 이유로 직첩만 거두고 중앙 군대의 전위 부대인 충의위忠義衛에서 제적시키고 지방으로 보냈습니다. 이처럼 전하의 은혜가 지극히 두터웠는데, 이제 다시 얼마 되지 않아 특명을 내려 석방하고 직첩을 돌려주니 신들은 간악한 무리를 징계할 수 없음을 염려합니다. 법을 굽혀 가장 가벼운 벌로써 단지 직첩만을 거둔 것도 관용을 베푼 것인데, 지금 또 직첩을 돌려주는 것은 법을 너무 가볍게 대하는 일입니다. 이 명을 하루빨리 거두어 법을 엄히 하고 불경한 자를 징계하소서."

왕이 말했다.

"문사는 미친 사람이니 일일이 따져 무엇하리오."

사헌부에서 두 번이나 청했으나 왕이 허락하지 않았다.

1438년(세종 20) 3월 21일

법은 술에 관대하다?

사헌부에서 이순몽李順蒙의 불경죄를 처벌해줄 것을 요청했다.

"옛말에 '남의 신하가 되어서는 공경을 다한다' 하고, 또 이르기를 '왕이 있는 자리를 지날 때는 안색이 변해지고 발이 주춤해진다' 했으니, 대개 왕과 신하의 구분이란 하늘과 땅 같아서 범할수 없으니 어찌 털끝 하나라도 소홀한 마음을 지닐 수 있겠습니까? 얼마 전 전하께서 효령대군의 저택에 다녀오실 무렵 왕이 타는 수레가 이미 채비를 차리고 그 앞에 의장대까지 도열해 있고 경비병들이 둘러서 있는 가운데 판중추원사 이순몽이 한 곳으로 비켜 물러나 서 있는 대신 호상胡床(나무의자)에 걸터앉아 있었다고합니다. 그 불경스러운 마음이 깊이 뿌리 박혀 있다가 무례한 행동으로 나타났으니 일찍이 신하가 되어 왕을 모시는 자 중에 감히 이런 사람은 없었습니다. 시종하는 관원 중에 누군가 그 미친 듯한 무례함을 그냥 두고 볼 수 없어 지적하자, 이순몽은 조금도 놀라거나 두려워하지 않고 도리어 분노와 원한을 품고서 팔뚝을 걷고 성질을 부렸다고 하니 방자하게 구는 악한 행실이 너무 뚜렷합니다. 신들이 두세 번 그 죄상을 밝혀 벌주기를 청했으나 열흘이 지나도록 답을 주지 않고 있다가 교지를 내려 '풍문을 가지고 일을 만들 수 없으며, 취중에 한 일을 가지고 논함은 부당하다'고 했습니다. 대저 자기 집안 내에서 일어난 일이라면 풍문이라 모호하다 할 수도 있고, 술에 만취해 엎어지고 자빠져 몸가짐을 잃고도 스스로 알지 못했다면 술로 인한 실수라 일러도 될 것입니다. 그러나 이순몽이 비록 술에 취해 있었다고는 하나 호상에 앉아서 사람들에게 대들며 따지는데 그 말과 동작이 제정신이 아닌 사람의 것으로는 보이지 않았으니 이를 혼미할 정도로 취해 있었다고 볼 수 없고, 수행하던 관원들과 신하들이 대부분 이를 목격했습니다. 따라서 이 사건이 풍문일 수도 없습니다. 이를 가지고 풍문이라 하면, 신들이 앞으로 방자하게 분수를 넘어 행동하여 윗사람을 능멸하는 자들을 어떻게 규탄하겠습니까? 사직당국에 명해 이순몽을 국문하여 법에 따라 처벌하고 군신간의 본분을 엄히 보여주소서."

왕이 허락하지 않았다.

1438년(세종 20) 9월 18일

죄를 3번 심리하다

지중추원사 권제權踶가 말했다.

"금년에 가뭄이 더욱 심하니 전하께서 온 마음을 쏟아 기우제를 지내고 죄인을 석방하여 무릇 하늘에 순응하고 백성을 아끼는 도리를 다했으나 여전히 하늘이 비를 내리지 않습니다. 신이 생각하기에 재변이 이르는 것을 딱히 어떤 일에 대한 반응으로 짚어 말할 수는 없겠으나, 하늘의 이치에 따라 땅의 일에 대한 반응으로 나오지 않는다고 단정할 수도 없습니다. 효부孝婦를 죽여서 3년 동안 가물고, 죄 없는 사람을 죽여서 6월에 서리가 내렸다는 기록은 역사에도 분명히 있으니 형벌을 가하는 것이 심히 두렵고 신중해야 할 이유가 여기에 있습니다. 사실 지금 성상께서 보위에 있으면서 여러 어질고 현명한 신하들을 등용했는데, 죄 없는 사람에게 지나치게 형벌을 가해 인심의 화목한 기운을 손상시켜 하늘의 재앙을 가져왔다고 말하기 어렵습니다만, 가뭄이 이처럼 심하니 어찌 원인이 없다고 할 수 있겠습니까? 신이 이제 좁은 소견으로 말하니 성상께서는 굽어 살피소서. 중앙과 지방에서 범한 죄 중 사형죄에 해당하는 죄인은 형조에서 중죄인을 다루는 부서인 상복사詳覆司에서 별도로 자세히 심리하여 의정부에 사건을 이송하면, 의정부에서 논의한 뒤 왕에게 글을 올려 최종적으로 형벌을 결정하는 삼복법三覆法(3번의 심사를 거치는 제도)을 두고 있으니 정밀한 절차라 할 수 있습니다. 그러나 나머지 징역, 곤장, 유배형 이하의 죄는 중앙과 지방의 행정기관의 장이 사법행정 실무가인 종9품의 검률檢律에게 법률에 비추어 재결하도록 하고, 이때 법전에 적당한 조문이 없으면 유추해석하여 판결을 내리는 것이 절반이 넘습니다. 무릇 검률 한 사람에게 맡겨서 잡아들여 조사하게 하고 유추하여 판정까지 내리게 하니 어찌 잘못이 없겠습니까? 죄가 법률에 해당되지 않으면, 비록 한 대의 매를 맞을지라도 어찌 억울하지 않겠습니까? 또 행정기관장이 검률이 법에 비춰서 내린 결론대로 하지 않고 제 마음대로 판정하고, 이때 검률이 옳지 못하다고 고집해도 소용없는 경우도 많습니다. 그리고 워낙 행정기관장은 재판 업무뿐만 아니라 하는 일들이 많아 제대로 사건을 심리하기 어려운 것이 현실입니다. 지금 사율원司律院의 관원들은 모두 과거를 통해 들어온 사람들인데 별로 일이 많지 않습니다. 원컨대 형조, 사헌부, 한성부, 의금부에서 판결하는 재판기록들은 사율원에 보내 여기에서 법률을 자세히 살펴 판정을 내린 뒤 그 의견을 원래 재판 담당 관아에 통보하면 각 기관에서 이에 따라 법을 집행하는 것이 형벌 남용을 막고 백성을 가엾게 여기는 어진 덕을 두텁게 할 것입니다. 또한 형조, 사헌부, 한성부, 각 지방의 감사들이 민사재판을 할 적에 원고와 피고 모두 법정에 출석시켜 심리하기가 어렵지 않지만 업무가 많다는 이유로 오랫동안 미결로 남겨놓고 있어 억울하다는 원망을 듣는 경우가 간혹 있습니다. 각 사에 우선 다른 일을 멈추고 오래 미결된 소송을 모두 즉시 판결하도록 하여 소송 당사자들의 불만을 달래주소서."

왕이 의정부에서 의논하도록 했다.

1439년(세종 21) 5월 3일

부마는 폭행 치사 교사범

사헌부에서 글을 올렸다.

"사람을 죽였으면 누구라도 예외없이 법에 따라 처단되어야 합니다. 이완李梡은 배운 것 없이 다만 왕실과 혼인했다는 인연을 믿고 전하의 은혜는 생각지 않고 미친 듯이 사납게 날뛰는 자로, 이번에 그 권세만 믿고 잔혹한 일을 저질렀습니다. 이완의 아들 개동介同이 겨우 아홉 살이고 석류의 아들 사민思敏이 열 살인데, 아이들이 서로 장난삼아 욕지거리를 했다 하더라도 크게 나쁜 것은 아닙니다. 여기에 석류의 딸 구장仇莊이 이완의 처인 옹주翁主를 나무라고 더러운 말로 욕지거리한 것은 비록 무례한 죄가 있다 하더라도 직접 들은 것이 아니므로 율에 의거해도 죄가 없는 것입니다. 그런데 이완은 이런 일에 작은 분을 이기지 못해 그 딸이 죄 있다 하여 아비인 석류를 묶어 끌어내어 자기의 종인 장수와 덕생을 시켜 번갈아 구타하여 며칠 만에 죽게 했으니 포악하고 무도한 짓이 이보다 심할 수 없습니다. 또한 장수와 덕생이라는 자들은 윗사람의 미치고 포악한 뜻을 그대로 따르기만 하고 말리지 못했을 뿐 아니라, 사람의 죽고 사는 것을 마음에 두지 않고 있는 힘을 다해 고문하고 때려서 생명을 끊은 죄가 작지 않습니다. 법에 따르면 이완은 교수형에 해당하고, 장수와 덕생은 장 200대에 3,000리 밖 유형에 해당합니다. 전하께서 이완이 부마駙馬(왕의 사위)라는 이유로 감형하여 그는 특별히 직첩만 회수하여 충북 진천에 유배시키고, 장수와 덕생은 장 100대만 치게 하니, 한 사람을 벌주어 천 사람을 두렵게 한다는 뜻에 반합니다. 전하께서 매번 당연히 죽어야 할 죄수에게도 반드시 삼복법을 거치도록 한 것은 진실로 인명이 중하고, 한 번 죽고 나면 다시 살릴 수 없기 때문입니다. 그런데 이완은 시내 가운데서 조금도 거리낌 없이 무죄한 사람을 때려 죽였으니 후일 이완 같은 자가 이를 구실로 삼아 함부로 날뛸 것입니다. 전에 보면 종친의 부마로서 살인이 중죄에 해당하지 않았는데도 직첩을 회수하고 유배를 보낸 사례가 있습니다. 이완은 잔인하게 인명을 해친 큰 죄가 있음에도 서울에서 멀지도 않은 고을의 농가에 묵게 하니 이는 사냥놀이를 보낸 것과 다를 바가 없습니다. 어찌 징계라 할 수 있겠습니까? 사사로운 은혜를 베풀어 공의로운 법을 어그러뜨리지 말고, 이완과 장수와 덕생의 죄를 율에 의해 죄를 물어 백성과 신하들의 바라는 바를 이루어주소서. 만일 차마 이완을 법대로 처단하지 못한다면 동쪽이나 서쪽의 변경으로 유배시켜 후세 사람들이 경계하도록 하소서."

왕이 허락하지 않고, 다만 장수와 덕생에게 3년의 유배형을 더 하게 했다.

1443년(세종 25) 5월 25일

판사, 억울함을 호소하다

형조의 관원인 김문기金文起가 글을 올렸다.

"신은 빈천한 출신으로 두터운 성은을 입어 벼슬이 3품에 이르고 형조의 고위직에 올라 재판 업무를 맡고 있지만, 재주가 없고 책임은 무거워 일을 잘 해내지 못할까 늘 두려워합니다. 지금 권총權聰이 호소하길 신이 김윤무金允茂와 짜고 몰래 입을 맞춰 소장을 제출하게 한 뒤 재판을 맡고 있는 자에게 자신의 노비를 강제로 내놓게 하면서 증거를 무시하고 억지로 판결을 꿰맞추려 한다고 하니, 이 말이 사실이라면 신은 죽어 마땅합니다. 그러나 이 일이 전하의 사면령 이전에 있었으므로 불문에 붙여 제 개인에게는 다행이나 송사를 맡고 있는 책임자로서 그와 같은 잘못이 있다면 비록 사면되어 직위를 유지한들 어찌 얼굴을 들고 사람들 앞에서 재판을 하겠습니까? 신이 이 사건의 과정을 돌이켜보니 김윤무 등이

5년 전에 처음 소송을 제기하고, 그 다음 연속 이태에 걸쳐 소송을 제기했는데 권총이 나서서 스스로 응소應訴(원고가 청구한 소송에 피고로 응함)하여 둘 사이에 재판이 벌어져 지금까지 판결이 나지 않았습니다. 신이 재판 업무를 맡기 전에 이미 소송이 벌어졌으니 어찌 신이 김윤무를 뒤에서 부추겨 소송을 제기하도록 했겠습니까? 신은 김윤무의 이름이나 얼굴을 들은 적도 본 적도 없으며, 소송도 사람을 시켜 대신했기 때문에 아직 그 얼굴은 보지 못했습니다. 신이 어떻게 김윤무의 사건을 처리할 재판장의 직무를 맡을 것을 미리 알아 사건을 꾸밀 수 있었으며, 일면식도 없는 자를 위해 몰래 부정한 약속을 하고 소송을 부추겼겠습니까? 하물며 권총이 증거물이 될 만한 송씨宋氏의 기록물을 내놓지 않고 있어, 신이 소송 서류를 제대로 깊이 검토하지도 않았으니 어찌 공평함을 잃고 특정인에게 유리하게 판결을 꾸미겠습니까? 만일 이 사건이 사면령 이전의 일이라 하여 덮어두고 그냥 지나간다면 신은 죽어도 시체가 썩지 않을 것이요, 살아서는 무슨 얼굴로 조정의 반열에 서겠습니까? 신의 범죄 사실이 드러난다면 저잣거리에서 공개처형해서 후세에 재판을 맡는 관리들에게 밝은 거울이 되게 하소서."

왕이 대답하지 않았다.

1448년(세종 30) 4월 11일

유교에서는 기본질서를 침해하는 범죄 유형을 10가지로 구분하여 십악이라 칭하고 사면도 허용하지 않고 특별히 관리했는데, 이는 침해 법익이 바로 유교적 핵심 가치를 해하기 때문이었다. 십악은 정권 전복을 꾀하는 모반謀反, 종묘나 능을 범하는 모대역謀大逆, 자기 나라를 버리고 다른 나라에 빌붙는 모반謀叛, 왕의 상징 물건이나 왕의 음식물에 대한 훼손이나 탈취 등의 대불경大不敬, 자기 부모나 조부모에 대한 살해를 기도하는 악역惡逆, 부모에 대한 불효不孝, 서로 반목하는 불목不睦, 도의에 반하는 부도不道와 불의不義, 조직이나 가정의 분쟁을 일으키는 내란內亂을 일컫는다. 특히 가족 구성원 간의 고발 행위는 가족과 친족 내에 불신의 벽이 생기게 되어 결국 가정 붕괴를 가져올 수도 있기에 엄격히 금지되었다.

유교에서 형벌은 범죄 행위를 단순히 형벌로 처벌하는 데 그치지 않고, 범죄자가 속죄하여 사회의 일원으로 복귀하도록 하는 데 있으며 나아가 범죄를 없애는 데 그 목적을 두고 있다. 이런 목적을 위한 수단으로 유교의 형벌은 5가지의 형을 두고 있는데, 하나는 태형으로 경한 범죄에 대해 회초리로 10대에서 50대까지 다섯 단계로 나누어 처벌하고, 장형은 그보다 조금 무거운 형으로 60대에서 100대의 다섯 단계로 나누어지며 곤장으로 쳤다. 도형은 1년에서 3년까지의 기간을 6개월씩 다섯 등급으로 나누어 그 기간 동안 관청의 노역을 담당했다. 그리고 유형은 2,000리, 2,500리, 3,000리로 세 등급에 따라 외방에 귀양을 보냈고, 사형에는 교형과 참형 두 가지를 두고 있었다.

조선시대의 형법으로 대표적인 것은 '대명률'로 태조가 등극한 뒤 조서를 통해 이를 조선의 형법으로 의용하도록 하고, 《경국대전》의 형률편에 이런 내용을 명문화하고 있다. 그러나 '대명률' 외에 원나라와의 교류가 잦았던 고려의 영향으로 원나라의 형법도 일부 시행되고 있었다고 한다.

《경국대전》에 의하면 서울에서는 죄인의 죄명과 최초 구금일자, 고문한 횟수와 유죄 확정 건수에 대하여 각 해당 관아에서 10일마다 적어서 왕에게 보고하고, 지방은 매 계절의 마지막 달에 보고하게 하여 신문의 남용을 방지했으며, 혹한기나 폭서기에는 경범죄에 대해서는 원하는 경우 속죄금을 받고 풀어주도록 했다. 또 신문하는 데 쓰이는 형장은 그 규격을 정해 놓고 무릎 아래를 치게 했다. 고문은 사흘 이내에는 두 번 하지 못하게 하고, 신문이 끝나고 열흘이 지나야 형벌을 집행하도록 했으며 형 집행시에는 고문하면서 맞은 태형의 수만큼 감해주도록 했다. 확정 판결 전 구금일수를 형기에 산입해주는 지금의 제도와 유사하다.

민사재판제도도 비교적 활성화되어 있었다. 원래 법치보다는 예치를 강조하는 성리학적 이념하에서 바람직한 사회질서는 내면적 자발성에서 구축되는 것이었다. 따라서 제3자의 개입을 강제적으로 초래하는 소송이란 비루하고 교활한 소인배들과 무지몽매하여 도덕의 교화를 받지 못한 사람들이나 하는 쓸데없는 수작으로 여겨졌다. 소송이 성행한다는 것은 예악이 붕괴되고 민심이 천박해졌으며 도덕이 갈수록 타락해 가고 있는 징표였다.

그러나 16세기에 이르면 소송을 통한 권리 구제 의식이 보편화되어 양반 식자층만이 아니라 여성이나 평민은 물론 노비들도 자신의 권리를 찾거나 지키기 위해 적극적으로 소송에 나섰다. 특히 민사재판의 경우에는 원고가 소장을 올리면 원고에게 피고를 법정에 데려오도록 하고, 대송을 신청할 경우 상대방에게 물어 수용 여부를 결정하는 등 관의 개입보다는 당사자들에게 주도적 역할을 맡겼고, 당사자들의 재판을 도와주는 변호사격인 외지부도 있었다.

제6장

조선의 국방과
안보 정책

불쌍한 수군

좌사간 조휴趙休 등이 글을 올렸다.

"병역 중에 고생하는 것이 선군船軍보다 심한 것이 없으므로, 원망이 이로 말미암아 일어납니다. 이 때문에 전하께서도 여러 번 교지를 내려 그 고생하는 정황을 불쌍히 여기셨으나, 지방의 수령들이 가끔씩 전하의 어지신 마음을 본받지 않아 선군의 괴로움을 살피지 않습니다. 특히 군적軍籍을 만들 즈음에 부자 형제가 함께 선군에 충당되니 왜적과 함께 싸우다가 변을 당하거나 파도가 높아 배가 잘못되는 날에는 그 부자 형제가 함께 죽고 시체를 찾아 장사지낼 희망마저 없어지고 남은 가족들의 생계도 막막해집니다. 한갓 바다의 흉흉한 소문만 듣고도 늙은 시어머니와 젊은 며느리가 가슴을 치고 울부짖습니다. 전하께서는 각 도의 감사들에게 수군과 육군의 군적을 모두 삼삼이 살펴 부모 형제가 함께 수군에 복무

하고 있는 경우에는 그 중 한 명을 삭제하여 육군으로 옮겨주고,
스스로 군적을 바꾸길 원치 않은 자에게는 원하는 대로 하여 그 생
업이 편안하게 하소서."

1404년(태종 4) 9월 19일

병선은 나라의 그릇이다

유정현이 글을 올려 자신의 의견을 말했다.

"대마도에 있는 왜인들은 성질이 잔인하고 난폭하며 사납습니다. 이들은 조그만 원한까지도 반드시 갚는 습성을 갖고 있습니다. 지금은 우리를 두려워하여 굴복하고 있지만 어느 날 갑자기 돌변하여 배신할지 모르니 반드시 대비해야 합니다. 각 도의 병선들을 흩어져 있게 하지 말고 요충지마다 각 20척을 두고, 병선이 없는 요충지에는 육군을 주둔시켜 지키고 봉화를 신속하게 올리도록 조치하십시오. 대마도의 왜인들은 병기와 갑옷을 갖추고 죽는 것을 조금도 두려워하지 않고 농사는 짓지 않고 도적질로 생업을 삼습니다. 지금은 비록 섬멸당해서 거의 없어졌다 해도 그 잔당으로서 다른 섬에 사는 자도 심히 많고, 항복하는 자들도 그것이 참인지 거짓인지 알 수가 없습니다. 저들이 만일 다른 섬에 있는 무리를 규합하여 다시 노략질을 한다면 그 화는 전보다 참혹할 것이니 소홀히 해서는 안 될 것입니다. 그러니 미리 1월이나 2월 중에 우리 병선을 정리한 뒤 바닷물이 차고 바람이 사나워 적선들이 아직 행동에 나서기 전 3월 안에 적당한 날을 잡아 섬에 상륙하여 죄를 묻고 소탕하면 군사 동원에도 유리하고, 농사철과 겹치는 폐단도 없을 것입니다. 충청·전라·경상도 등 여러 도의 병선이 다 오래되어 사용하기에 적당하지 않습니다. 따라서 가을과 겨울 사이에 하번선군下番船軍(선상 근무를 하지 않는 해군)에게 배를 다시 짓게 하고 그 판목板木이 완전하고 실해서 파괴되지 않은 것이 있으면 보수하도록 해야 할 것입니다. 그리고 이와 관련하여 하삼도에서 수년간 배를 건조해 와 쓸 만한 재목이 거의 없어졌기 때문에 평안도 등지의 재목을 사용하는 조치도 내려주어야 할 것입니다. 평안도 등지의 하번선군을 시켜 재목을 베어낸 뒤 각 지역에 따라 대동강, 안주강, 압록강으로 떠내려 보내 9월 중으로 운반을 마쳐야 합니다. 그리고 각 포구에 얼음이 언 뒤에 배를 지키는 병사들 외에는 모두 병선 건조에 나서도록 합니다. 내년 1월 중으로 각 배 50척씩을 만들어 2월에는 하삼도의 각 지방별로 적당하게 배의 척수를 헤아려 나눠 정박토록 하면 좋겠습니다. 경상도 지방은 대개 사람은 많고 땅이 좁은데다 몇 해 전 홍수와 가뭄으로 인해 전라도 순천·낙안·광양·구례 등으로 옮겨간 백성이 많은데, 이들은 거기 땅이 넓은 곳을 좋아하여 안심하고 모여 살면서 호적까지 그곳에서 만들었습니다. 이들을 다시 원 고향으로 돌려보내면 살 곳을 잃고 탄식할 것이요, 도망한 군사까지 숫자를 채우라 하면 군사가 될 만하지 않은 자들로 대충 채워 넣는 폐단이 있을 것입니다. 지방 향리, 관의 노비, 역참 일꾼 등으로 반드시 본래의 직위에 돌아와야 할 자와 각 지방 예비군 내에서 자원하여 복귀하려는 자를 빼고는 모두 지금 사는 곳의 주민으로 인정하고 이들을 선군에 보충하여 경상도의 노량露梁과 구량량仇良梁 등 요충지 방비에 나서도록 하십시오. 요즘 왜구의 침범이 끊이고 평화를 되찾은 지 오래 되므로 바닷가에 사는 백성도 많아지고 농토도 많이 개간되었습니다. 이런 때 왜적이 갑자기 쳐들어오면 백성들의 인명과 재산에 미치는 화가 몹시 클 것입니다. 바닷가 각 동리에서 30~40가구 혹은 20~30가구로 한 방어공동체를 삼고, 중앙에는 적당한 곳에 마을 사람들이 다 들어갈 수 있는 정도의 수비성을 쌓아 담을 높이고 문의 자물쇠를 든든하게 하고, 지혜와 힘이 있어 변을 맞아 굳게 지킬 만한 자를 골라 둔장屯長으로 삼고 각기 무기를 갖추도록 하십시오. 이렇게 하여 평화로울 때는 성 밖에 나가 농사를 짓고 왜구가 들어오면 성 밖에 먹을 만한 곡식을 일체 남기지 않고 성으로 들어가 문을 닫고 굳게 지킬 것이니, 이리하면 노략질과 살상의 화를 면할 뿐만 아니라 왜구가 내륙 안으로 깊이 들어오지 못하고 농사도 제철을 잃지 않을 것입니다. 병선은 나라의 중요한 그릇입니다. 배를 만드는 데는 소나무가 아니면 적당하지 않고, 또 소나무라도 수십 년 이상 큰 것이 아니면 쓸 수가 없습니다. 근래 각 지방에서 수년 동안 배를 만들어왔기에 쓸만 한 소나무가 거의 없어져 이미 소나무 베는 행위를 금지하는 법령도 반포되었습니다. 그런데 철없는 무리가 사냥을 한다거나 화전火田을 한다 하면서 불을 놓아 태우고 말라 죽게 하고, 집을 짓기 위해 무시로 나무를 베니 큰 재목이 날로 없어지고 있습니다. 어린 솔들도 무성하게 자라지 못하니 장차 몇 년 안 되어 배 만들 재목을 댈 수 없을까 진실로 염려됩니다. 그러므로 수선해야 할 곳에 소나무 재목을 써야 하는 경우 외에는 각 관청이나 백성들이 새로 건물을 지을 때 소나무 사용을 금지하고 어기는 자에게는 죄를 묻고, 소나무가 있는 산 부근에 농토가 있는 자 중에 산지기를 정해 부역을 면제하고 대신 산림 훼손 감시임무를 주도록 하십시오. 그리고 수령에게 수시로 현지를 살펴보게 하고, 도관찰사는 봄과 가을 두 차례로 사람을 보내 살펴 조사해서 만일 말라 죽거나 벤 것이 있을 때에는 산지기와 수령 등을 중하게 논죄하고, 해마다 근무 성적을 평가할 때마다 그 말라 죽은 것이나, 벤 것이나, 자란 숫자를 헤아려 승진과 파면의 기준의 하나로 삼으소서. 또한 각 포구의 수령들에게 평시에는 부근에 비어 있는 땅에 선군에게 소나무를 많이 심도록 독려하여 나중에 쓸 것을 예비하게 하십시오."

이에 왕이 "병조와 의정부가 의논하여 올리도록 하라"고 했으나, 시행되지는 못했다.

1419년(세종 1) 7월 28일

시위군이 한양 물가를 올린다

사간원에서 글을 올렸다.

"시위군侍衛軍을 두는 것은 왕실을 호위하기 위한 것이니 마땅히 교대로 번을 정해 올라오는 것은 빼먹을 수 없는 일입니다. 금년에는 사방에 곡식이 잘 되지 못하고, 경상·전라·강원도 등에서는 이미 나무 베는 부역이 있으며, 경상도와 전라도에는 성을 쌓는 일이 있고, 충청도에는 곡식이 더욱 잘 되지 못해 백성들의 생활이 어렵습니다. 따라서 지금은 진실로 전하께서 특별히 어진 은혜를 내려 백성들을 편히 쉬고 농사에 힘쓰게 할 때입니다. 이제 병조에서 내려보낸 공문을 보니 위에 언급된 각 도의 시위군사를 내년 2월부터 차례로 올라와 근무하라고 되어 있습니다. 올해 경기도가 흉년이 들어 시장의 곡물가격이 뛰는데, 네 지방의 군사가 모여들면 그 값이 더 뛰어올라 식량 부족에 시달리게 될 터이니, 그 폐단을 또한 생각하지 않을 수 없습니다. 내년 가을까지는 지방군사의 상경 복무를 정지하게 하소서."

왕이 그대로 따랐다.

1427년(세종 9) 12월 27일

군대는 출신보다 계급이다

대신들에게서 정사에 관한 보고를 받은 뒤 왕이 대사헌 이승직李繩直과 정언 양계원楊繼元에게 말했다.

"요즘 대간들이 상소하는 말은 내 생각에는 그저 고집에 불과하지 않은가 싶소. 1414년부터 2품 이상의 벼슬을 가진 자가 노비에게서 낳은 아들은 품계는 제한하되 영구히 양민이 되는 것을 허락했고, 또 선왕 때부터 공신이 공노비에게서 낳은 아들은 이미 공신의 자손들로 구성된 중앙 군대에 소속시켰는데, 유독 사노비에게서 낳은 아들만을 중앙 군대에 넣지 못하도록 하는 것이 옳다 할 수 있겠소? 공천이 사천이 되기도 하고, 사천이 공천이 되기도 하는 것이니, 공노비와 사노비가 다를 바 무엇이겠소. 평민이 천인에게 장가들어 낳은 자식도 아비를 따라 양민이 되는데 하물며 공신으로서 후사後嗣가 없어 제사가 끊어질 마당에 천첩賤妾의 아들이라도 있다면 얼마나 다행한 일인가 말이오. 그런 후손을 중앙 군대에 배속시켜 공신의 후사로 삼는 것은 아주 당연한 일이오. 대간은 이런 뜻은 살피지 않고 내가 새로운 법을 무리하게 추진한다고만 하는구려."

이승직이 대답했다.

"신들은 공신의 자손들 중 공천의 소생들이 이미 중앙 군대에 있는 줄은 몰랐습니다."

왕이 말했다.

"경들은 또 정실부인의 자식이 첩의 자식보다 계급이 낮게 되므로 옳지 못하다고 하지만, 이는 관직상 그렇게 되는 것이 당연한 것 아니겠소. 서얼은 품계가 제한되어 있으니 승진에 한계가 있을 터이나, 그 계급 내에서는 늦게 입대한 정실 자식이 노비의 자식 밑에 있어야 하는 법이오. 관작으로 본다면 아버지가 아들 아래에 있는 것도 하등 이상한 일이 아니니, 정실 자식이 첩의 자식 아래 놓인다고 해서 무엇이 잘못되었다는 말인가? 벼슬의 위계질서에 따를 뿐이오."

1430년(세종 12) 2월 19일

소나무가 바다를 지킨다

병조참의 박안신朴安臣이 글을 올렸다.

"나라를 다스리는 비결 중의 하나는 지난 일을 거울 삼아 미래를 걱정함으로써 오랫동안 국가를 튼튼하고 안전하게 보전하는 데 있습니다. 우리나라는 삼면이 바다이고 왜인들의 섬과 가까워 지난 역사를 돌이켜보면, 삼국시대에도 왜구의 침략이 있었음을 똑똑히 알 수 있습니다. 고려 말부터는 왜구가 더 기승을 부렸는데 이들 중 일부는 해안가에서 때로는 구걸을 하거나 장사를 하는 무리도 있었습니다만, 본시 성정이 사납고 교활하여 크고 작은 문제를 많이 일으켰습니다. 그러다 1350년에 이르러 백성을 협박하고 물건을 빼앗는 일을 하면서 그 노략질이 더욱 심해지니 백성은 싸움할 줄을 몰라 도적들을 보면 달아나서 해안 지방은 온통 왜구의 소굴이 되다시피 했습니다. 이들은 선박을 해안에서 조금 떨어져 머물게 하고 뭍에 올라와 열흘이나 한 달 동안 사람을 마구 죽이고 약탈하다가 돌아갔는데, 이런 식으로 봄부터 가을까지 수시로 왜구의 출몰이 잦았습니다. 이에 전 고려 왕조에서는 군사를 준비하여 방어하려 했으나 왜선이 너무 빨라 우리 병선이 뒤쫓을 수 없어 실효성이 없었고, 왜구는 의기양양하여 육지의 먼 곳까지 들어와 약탈을 일삼기에 이르렀습니다. 급기야 1378년에는 적들이 바닷길을 이용하여 한강까지 거슬러 올라와 수도인 개경을 침략하고자 했다가 돌아간 일도 있었습니다. 이에 태조 대왕께서 나라의 중책을 맡아 치밀하게 병선을 건조하고 수군을 조련하여 방비하다가 1380년 왜선 100여 척이 군산 지방을 침략하므로 우리 병선이 나서서 포위 공격하여 모조리 불질러 없앴습니다. 적의 형세가 곤궁하여 남은 잔당이 내륙 지방으로 돌아다니므로 태조 대왕께서 군사를 거느리고 토벌에 나서 전라도 운봉 지방에서 이들을 궤멸시켰습니다. 남은 자들 중 지리산에 숨어 있다가 뗏목을 묶어 타고 도주하여 살아 돌아간 자가 100여 명에 그쳤습니다. 1382년에 왜구가 군산에서 당한 패전을 설욕하고자 많은 병선을 이끌고 와서 우리 병선의 숫자가 적음을 보고 의기양양해 했습니다. 정지鄭池, 최무선崔茂宣, 나서羅瑞 등이 병선 10여 척을 거느리고 화포를 쏘아 적선들을 태워 버리고 큰 배 9척을 빼앗으니 이후부터는 감히 우리 병선에 항거하지 못하고 가끔씩 해변가를 침범하는 자들이 있었으나 좀도적에 지나지 않았습니다. 그러다 1388년 우리가 요동 지방을 공격하느라 잠시 남쪽의 해안 방어에 힘을 쏟지 못했는데, 적이

최무선

최무선은 화약과 화약을 이용한 무기를 처음으로 제작하여 사용하고, 화통도감을 설치했다. 고려 말부터 조선 전기까지 왜구의 침략을 막아내 왜구의 노략질이 현저하게 줄어들었다.

우리 병선들의 대비가 허술함을 알고 군산 지방에 상륙하여 경상도를 지나면서 노략질하고 돌아갔습니다. 이에 태조 대왕께서 크게 노하여 1389년에 병권을 잡고 있으면서 장수를 보내 대마도에 가서 적선 수십 척을 불사르고 돌아오도록 하니 적들이 두려워하여 '고려 병선이 이처럼 와서 공격하니 장차 이 섬에 살 수 없을 것이라' 하면서 가족을 데리고 이사하는 자가 꽤 있었습니다. 그러나 이 왕조가 들어선 이후인 1419년에 적이 우리의 준비 없는 틈을 타서 충남 서천 비인에 들어와 아군 병선을 불태우고 백성들을 죽였습니다. 상왕 태종께서 대마도 정벌을 명해 휘하 장수들이 그곳을 불태우고 빼앗은 적선이 수백 척에 이르니, 적은 간담이 떨어져 항복하고 귀순을 청해왔습니다. 신이 이렇게 지난 일을 말하는 까닭은 왜구를 대적할 적에 육군 수십만 명보다는 날래고 튼튼한 병선 수 척이 훨씬 효과적이라는 사실을 말씀 드리기 위해서입니다. 그런데 이렇게 병선 건조가 중한 일인데 그 재목은 반드시 소나무여야 합니다. 그것도 거의 100년이 자란 소나무여야 되고, 배 한 척을 만들기 위해서는 소나무 수백 그루가 필요합니다. 대개 소나무가 많이 성하고 크게 자랄 때에 시작하여 병선을 계속하여 짓는다 해도 겨우 50년 후에는 온 나라의 소나무는 거의 없어질 것이니, 앞으로 수십 년이 못 가서 사람이 오를 만한 산에서는 배를 지을 만한 나무를 찾기 어려울 것입니다. 선박 재목이 없어 전함을 만들지 못하면 지난날 왜구에 입었던 화를 다시 당할까 두렵으니 여간 걱정되지 않습니다. 전하께서도 이런 일을 미리 내다보고 6년 전에

(1424년) 특히 명을 내려 '배를 만들 나무들이 거의 소진되었으니 내 염려가 크도다. 소나무의 벌채를 금하고 화재를 막아 잘 가꾸라' 했습니다. 그 말씀은 이제 법전에까지 실려 반포되었으니 후환을 걱정하고 위태로움을 생각하는 뜻이 지극합니다. 이에 신의 어리석은 생각으로는 소나무가 장성하여 재목으로 쓸 만할 때까지 불요불급한 사용을 금해 선박 재목을 비축했으면 합니다. 그러니 나라 안의 소나무 재목이 어느 정도 확보될 수 있는지 기한을 보아 그때까지는 군사가 승선하지 않는 빈 배들은 건조를 금지하고, 세곡선稅穀船(국가에 조세로 바치는 곡식을 운반하는 배), 개인 소유 선박 등도 모두 그 수를 줄이고 관사와 민가를 건축하는데도 소나무 사용을 금하도록 하면 나라에 닥칠 화를 방비할 좋은 계책이 될까 합니다. 혹시 사람들 중에 '불의의 변을 예방하려면 군사가 승선하지 않는 배들도 미리 만들어두어야 하지 않겠는가' 할 수 있으나 신의 생각으로는 왜구의 움직임을 보아가며 그 세력이 성할 때에 비로소 병선 건조에 들어가 각 진영별로 완급을 보아가며 조절해도 늦지 않을 것입니다. 왜구가 잠잠한 이때에 미리 빈 배를 만들어 놓느라고 거의 다 떨어지는 재목을 허비하는 것은 바람직하지 않습니다. 또 말하기를 '공선貢船은 나라에서 쓰는 것이요, 사선私船은 민간에서 이용하는 것인데, 그 수를 감할 수 없다'고 하니 왜구가 사방으로 쳐들어오게 되면 입술이 없으면 이가 시리다는 격으로 그 피해가 이루 말할 수 없습니다. 그에 비하면 공선과 사선을 많이 만들어 이용함으로써 얻는 이익은 적은 것이니, 어찌 적은 이익

을 꾀하여 큰 근심을 방비하는 일을 게을리하겠습니까? 관사와 민가를 짓는 일 역시 어쩔 수 없는 일이나 왜구가 침략하여 집을 불태우고 백성이 편히 쉴 수 없으면 높고 큰 집이 무슨 소용이 있겠습니까? 병선이 듬직하여 왜구가 침범하지 못하고 국가가 편안하면 비록 잡목을 써서 집을 지어도 편안히 살면서 태평시대를 즐길 수 있을 것입니다. 산에 화재를 금하고 나무를 잘 가꾸도록 법령을 거듭 엄하게 하여, 소나무가 무성하고 산과 들에 재목이 가득하여 쓰기에 충분하게 될 만큼 한 뒤에 베어 사용하도록 해도 늦지 않을 것입니다. 공자는 '사람이 먼 일을 생각함이 없으면 반드시 가까운 날에 근심이 있다'고 하고, 맹자는 '7년 앓은 병을 위해 3년 묵은 쑥을 구할 때 지금이라도 쑥을 구해 묵혀 놓지 않으면 죽도록 3년 묵은 쑥은 구경도 못할 것이다'고 했습니다. 이 모든 말은 그 후환을 염려할 줄 모르면 일을 당하고서 후회해도 돌이킬 수 없다는 뜻을 경계하는 것입니다. 신은 영남 지방에서 나고 자라면서 왜구의 환란에 대해서는 이미 귀로 듣고 눈으로 본 바 있으며, 또 사명을 받들어 왜국에 가서 그 사정을 대강 파악했습니다. 감히 좁은 소견으로 성상의 지혜에 누를 끼치는 말씀을 올리니, 밝히 헤아려 채택해서 시행해주면 이보다 다행이 없겠습니다."

1430년(세종 12) 4월 14일

인화를 잃으면, 모든 것을 잃는다

전 판나주목사 정수홍鄭守弘이 글을 올렸다.

"무릇 천하의 일이란 사리와 형편에 맞아야 합니다. 그 사리와 형편을 헤아리지 않고 조급하게 진행하면 백성이 그 해를 입게 되어 원망과 비방이 일게 됩니다. 지금 성상께서 보위에 앉고 수많은 현명한 신하들이 그 직책을 다하고 있어, 법령이 엄정 공명한데다가 외적 방어에도 빈틈이 없어 병기와 장비가 견고·예리하고 장수와 군졸이 명을 받들어 행하니, 실로 이 시절을 태평성세라 할 만합니다. 그런 까닭에 왜구들이 두려워하고 위축되어 그 모습을 일체 감추고 감히 침범하지 못하니 앞으로 100년간은 저들이 쉽사리 이 나라를 엿보지 못할 것으로 보입니다. 이러한 시대의 사정을 10년의 기한을 설정하여 해변에서 먼 지역까지도 성곽과 망루를 쌓음은 마치 산 하나 없는 평야지대의 사람들이 호랑이가 올지도 몰라 염려하여 그 집의 모든 일을 팽개치고 담을 쌓는 데만 몰두하는 형국입니다. 광활한 평야에서 호랑이가 오지 않으며, 잘 다스려지는 나라에는 왜가 침략하지 못하는 것은 사리를 보아 당연한 이치입니다. 맹자孟子는 말하기를 '지리상의 유리함이 백성들 사이의 인심(인화人和)을 얻음만 못하다'고 했습니다. 그렇기 때문에 옛날의 어진 왕들은 방어를 할 적에 인화를 중히 여기고 지리상의 이점을 그 위에 놓지 않았던 것이니, 한 번 인화를 잃으면 성곽이 견고한들 무슨 소용이 있겠습니까? 신은 지난 가을에 늙고 병들어 퇴임을 청한 뒤 전주全州의 농막農幕(농사 짓는 데 편리하도록 논밭 근처에 간단하게 지은 집)으로 돌아가 누워 있으면서 인근에서 성을 쌓는 실정을 고루 들은 바 있습니다. 지난 가을 전주는 온 도내가 몹시 가물어서 쟁기로 땅을 갈아엎을 엄두도 못 내다가 9월과 10월에 비가 내렸는데, 백성들이 모두 기뻐하면서 가을 농사로 짓겠다고 시작하던 중에 성곽 공사가 크게 벌어졌습니다. 그런데 축조되는 성의 크기는 헤아리지 않고 무작정 일꾼을 많이 모으는 데만 힘써 경작지 3필지당 장정 한 명씩을 역군으로 징발하니 집집마다 일할 만한 사람이 비게 되고 가을 파종도 놓쳐 전주 일대에서 설 전에 밀과 보리 싹이 제대로 난 것이 드물었으며 부역 일을 하다가 사고로 죽은 자도 한둘이 아니었습니다. 이런 자들의 가족은 그 아픈 마음이 골수까지 들어가 있을 터이니 지금도 속으로 원망하는 자가 왜 없겠습니까? 그 밖에 이 일로 인해 식량이 소모되고 살림살이가 궁해져 한뎃잠을 자고 걸식하는 폐단을 일일이 다 열거할 수 없는데, 신의 어리석은 생각으로는 전주 외에 성보를 쌓는 다른 곳의 폐해도 대개 이러하지 않겠는가 생각합니다. 병법에 보면 상대방에게 나의 강함을 보이거나 때론 약함을 보이는 전략이 있는데, 신의 우둔한 소견에는 이 일이 의도하지 않게 상대에게 우리의 약점을 보여주는 것으로서 지금 같은 태평성대의 치세에 취할 바는 아니라고 봅니다. 중국 진시황이 만리장성을 쌓으니 오랑캐를 방비할 준비가 된 것 같았으나, 인화를 크게 잃어 결국 후세에 웃음거리가 되고 말았으니 이는 곧 만대의 귀감이 됩니다. 지금처럼 10년의 계획 아래 이 역사를 쉬지 않고 진행한다면, 백성들이 그 노고를 견디지 못해 원망과 비난이 날로 늘어날 것입니다. 성보 수축 작업에는 또한 중앙에서 대신의 명을 받든 관원들이 수행원들과 같이 와서 감시·감독하고 여러 해를 머물고 있으니 이를 맞이하여 접대하는 일에도 많은 부담이 있고 폐단이 뒤따릅니다. 전하께서는 이 역사를 모두 정지시키고, 백성의 힘을 아끼고 기르다가 왜구가 다시 일어남을 기다려서 쌓아도 오히려 늦지 않을 것입니다. 또한 평시에는 농지 3필지에 한 명의 장정을 징발하는 명을 거두어 백성들의 힘을 아끼는 것이 이 맑고 밝은 시대에 아름다운 덕이 될 것입니다. 또 천운이란 예측하기 어려워 외적이 대규모로 침입하여 전란이 덮치면 우리 백성들은 모두 산골로 도망하고 평지에 쌓아 놓은 성보는 오히려 적이 머무는 침략의 기지가 될 수도 있습니다. 그렇게 되면 오늘날 멀리 내다보고 시행한다는 계책이 도리어 뒷날에는 후환이 될 수도 있습니다. 신의 좁은 생각에는 큰 환란을 피할 수 있도록 오직 산 위에 자리 잡은 옛 성들을 중심으로 하여 언제까지로 따로 시한을 정해 놓지 말고 여유가 되는 대로 견고하게 수축하여 놓으면 불의의 침략에 대비하는 좋은 계책이 될 것입니다. 옛말에 '군자는 조정의 높은 지위에 있으면 백성의 일을 근심하고, 물러가 강호에 있을 때는 그 왕의 일을 근심한다'고 했습니다. 미천한 신이 전하의 은혜를 입어 벼슬이 2품에 이르고 보니 나이가 이미 저물었습니다. 이제 적막한 전원에 묻혀 있긴 하나 왕을 위해 근심하는 마음을 어찌 속에 숨기고 말하지 않을 수 있겠습니까? 성인은 천한 자의 말도 취한다고 했으니 전하께서 너그럽게 받아들여 주길 바랍니다."

　왕이 허락하지 않았다.

1431년(세종 13년) 1월 16일

벌레는 생나무를 좋아한다

총제 이천李蕆이 글을 올렸다.

"지금 만든 시험용 선박은 품이 많이 들고 작업이 어려워 사람들이 제작하기를 꺼리는데, 각 진에 배치된 해군 무관들이 중심이 되어 열심히 만들었습니다. 그러나 신경 써서 수리하지 않으면, 위는 새고 아래는 젖어서 오래지 않아 썩어 버릴 것입니다. 이 배가 선체는 크지만 가볍기 때문에 다른 병선과 속도를 한 번 겨루어 보도록 하는 게 좋겠습니다. 그리고 지난 1419년 대마도를 정벌할 때 호군 윤득민尹得民이 새로 만든 배를 타고 행할 때 왕복하는 수개월 동안 선체가 벌레 먹고 물에 불어 많이 상한 것을 직접 본 적이 있는데 이는 다름 아니라 벌레가 생나무를 좋아하기 때문입니다. 지금 시험선도 생나무인데 벌레가 없는 물에 정박시켜 놓는다면, 벌레 먹는 여부를 알지 못해 시험하는 의의가 없을 듯하니 벌레가 있는 곳으로 옮겨서 시험하는 것이 마땅합니다. 예전에 박희중 朴熙中이 전라도에 가서 갑을 두른 배를 감독해 만든 적이 있는데 속도가 느려 폐기했습니다. 배가 느리고 빠른 것은 갑 甲으로 만든 여부에 있지 않고 선박을 구성하는 뼈대에 있습니다. 신이 일찍이 대마도 정벌 당시에 가져온 왜구의 큰 배들을 보니 밖은 속이 곧고 쉽게 쪼개지는 소나무를 쓰고 가운데 빈 곳을 막지 않고 놔두었는데 빠르기가 우리 배들보다 나았습니다. 앞으로는 이 방법에 의해 배를 만들되 그 널판목은 반드시 1년 이상 오랫동안 말린 뒤에 쓰게 하소서."

이에 왕이 병조와 일선 부대에 명해 빠르고 느림을 함께 실험하게 했다.

1431년(세종 13) 5월 14일

성은 매년 하나씩 쌓다

좌사간 김중곤 등이 글을 올렸다.

"지금 전하께서는 백성을 매우 생각해서 편안한 때에도 위태로움을 잊지 않고 각 도에 대신을 보내서 성터를 보게 하고 그대로 쓸 만한 것은 수리하고, 고쳐야 할 것은 고쳐 쌓도록 하여 예측 못한 변고에 대비하게 하니 진실로 나라를 보전하는 도리입니다. 이대로 되면 나라의 기초가 튼튼해져 만세가 되어도 흔들리지 않을 것입니다. 그러나 각 도의 연안 지방에 성을 1년 안에 동시에 두서너 개씩 쌓게 한다면, 군읍의 수령들은 일을 빨리 마치기만을 힘써 있는 대로 백성을 불러 사역시킬 것이니 그 괴로움이 매우 클 것입니다. 비록 백성을 부역에 동원하는 시기가 농한기라고 하지만 이때도 낮에 풀 베고 밤에는 새끼 꼬는 일을 쉴 수 없으니 생활에 여가가 없을 것입니다. 더구나 지난 몇 년 이래 수재와 가뭄이 서로 겹쳐서 백성들이 안심하고 살 수가 없습니다. 금년에는 벼가 풍년이라고는 하지만 여러 해 동안 빌렸던 의창義倉(백성을 구제하기 위해 각 지방에 설치한 창고)의 곡식을 갚아야 되니 실상 올해나 지난 흉년이나 다를 바 없고, 푸성귀를 말려 놓고 도토리를 주워 내년 여름까지 살아가려고 하는 사람들이 이루 헤아릴 수 없을 것입니다. 이런 판에 양식을 싸 가지고 가서 몇 달 동안 부역을 하다 보면 보리밭을 갈지 못해 흉년 날 준비를 하지 못하고, 집에 저장해둔 양식은 없어 아내와 자식들이 근심하고 있으니 진실로 안타까운 일입니다. 옛말에 '부요한 자는 어쨌든 견디지만, 누가 말을 거들어 줄 사람이 없는 사람이 불쌍하다'고 했습니다. 이것이 신들이 잠자코 있을 수 없어 감히 아뢰는 까닭입니다. 우리나라는 태조께서 창건한 이래 역대 왕이 나라 방비에 서로 뜻을 세우고 이를 이어 받아 지금은 걱정이 없는 상태이고, 해안 지방의 성이 비록 단단하지 못하더라도 방어에 부족한 정도는 아니니 위급한 시기는 아닙니다. 맹자의 말에 '천시天時는 지리地利만 같지 못하고, 지리는 인화人和만 같지 못하다'고 했으니, 성을 견고하게 쌓은들 이 백성의 마음이 떠나면 누구와 함께 이를 지켜내겠습니까? 민심의 좋아함과 싫어함을 헤아리고, 공역 중에 늦출 수 있는 것과 서둘러야 하는 것을 살펴 경중에 따라 매년 한 도에 한 개의 성만을 쌓게 하소서. 다른 지방의 백성들에게 번갈아 나오게 한다면 매년 일정한 날만 백성을 부역시킨다는 뜻에도 어긋나지 않을 것이며 백성들도 기뻐할 것이니, 전하께서 헤아려 시행해 주소서."

이에 병조에 안건을 내려보내 의정부와 육조에서 함께 의논하게 했는데 여러 사람이 말했다.

"해마다 국가의 축성 계획을 담당하는 관원에게 풍년과 흉년을 보아 쌓아야 할 성의 숫자를 보고하게 하소서. 그런 다음 명을 내려 인근 각 고을별로 가구수와 농토의 많고 적은 것을 헤아려 부역에 동원될 장정을 뽑되, 매 5필지마다 1명을 넘지 못하게 하고 전에 정한 근무 일수에 따라 일을 시키고, 그 해에 마치지 못하면 다음 해를 기다려 다 쌓도록 하고, 이런 내용을 아예 규정으로 만들어두는 것이 좋겠습니다."

왕이 그대로 따랐다.

1431년(세종 13) 10월 13일

함길도의 성터를 살피는 것은
지금도 늦었다

좌사간 김중곤 등이 글을 올렸다.

"백성에게 먹을 것은 하늘이나 마찬가지입니다. 백성의 식량이 넉넉한 뒤라야 나라의 근본이 튼튼해지는 것입니다. 농사철을 놓치지 않도록 하는 것은 바로 먹을 것을 넉넉하게 만드는 길입니다. 지금 대신을 보내 성터를 살피게 하는 것은 진실로 국가의 급한 일이나 함길도 백성들은 요즘 수재와 가뭄으로 사는 형편이 곤란하고 또 중국 사신들이 오는 일로 인해 부담을 많이 지고 있습니다. 마땅히 그 힘을 길러주어 생업을 이루어갈 수 있도록 해야 할 것입니다. 농사에 한창인 지금 대신이 나가면 수행하는 무리가 한두 사람이 아닐 것이고, 이에 따라 마중하고 접대하는 일도 보통이 아닐 터이니 분주히 이리저리 쫓아다니다 보면 농사 시기를 놓치는 일이 반드시 생길 것입니다. 편안할 때 위태로움을 잊지 않는 성상의 밝은 계책이 비록 절실하나 성터 살피는 일을 굳이 농사철에 해야 할 까닭이 있습니까? 대신을 파견한 명을 거두어 농사가 한가해지는 시기를 기다리게 하소서."

이에 왕이 말했다.

"경들의 말은 국경의 사정을 모르고 하는 말이니 적당하지 않소."

정언 김숙검金叔儉이 말했다.

"신들이 성터를 살펴 정하는 일을 놓고 옳지 않다고 하는 것은 아닙니다. 함길도 백성들이 이미 수재를 만났고, 중국 사신으로 인해 여러 부담을 지고 있는 판에 농사철을 맞아 또 두 대신을 맞게 되면 곤란함과 피폐함이 심해지리라 걱정되어 올리는 말씀입니다. 그리고 지금 성터를 정해 놓더라도 바로 쌓을 수는 없으니 가을을 기다려 성터를 살펴 정하도록 하자는 것입니다."

왕이 책망조로 물었다.

"지금 살펴볼 성터가 몇 곳이며, 봉화를 올릴 단은 몇 개를 쌓아야 적당하고, 적군이 거쳐 오는 길은 어느 곳이며, 언제 기동할 것인지 경들은 예측하고 있소이까? 이 모든 걸 감안해볼 때 경들은 어느 때 성을 쌓아야 한다고 생각하오? 도대체 나라의 안전은 생각하지 않고 하는 말 같구려."

신숙검이 말했다.

"신들은 필요한 성터와 봉화단의 숫자를 모르며, 또 적군의 침략 시기와 침공로도 알지 못합니다. 다만, 함길도 백성이 피곤할 것을 걱정하여 감히 말씀을 올렸을 뿐입니다."

이에 왕이 말했다.

"경들의 뜻만큼은 가상하오. 그러나 함길도의 성터를 살피는 것은 지금도 이미 늦었소. 경들은 한 가지 일만 가지고 청하니 내가 들어줄 수 없소."

1432년(세종 14) 3월 10일

조선의 일은 사흘을 못 넘긴다

사간원에서 글을 올렸다.

"한가할 때 예상 못한 위험에 대비하는 것은 나라를 위한 마땅한 법이고, 흉년과 풍년을 살펴서 일을 진행시키는 것은 나라를 다스리는 큰 도리입니다. 이제 국가에서 해마다 대신을 보내 군대를 순행하여 점검하는 것은 나라를 위한 마땅한 조치입니다. 그러나 지난해에 수재와 가뭄으로 벼가 잘 익지 못해 백성들이 어려워 굶주림에 처하게 되자 성상께서 창고의 곡식을 풀어주는 은혜를 베풀어 굶주림을 면하게 했으니 그 은덕이 참으로 두터웠습니다. 그런데 금년 농사가 비록 지난해보다 낫다고는 하나 벼가 익을 무렵 심한 장마가 열흘 동안 지니 물이 넘치고 모래에 묻혀서 볏곡을 상하게 하여 흉년이 지난해 못지 않아 비록 한 해의 수입을 다 내놓아도 나라 빚이나 개인 빚을 갚기에도 부족합니다. 상황이 이러하여 지금은 백성들이 도토리를 줍고 가을갈이를 하여 겨우살이를 준비할 때인데 이제 대신을 나눠 보내 군대의 진용을 점검하게 하니, 무릇 군적에 이름이 있는 자는 모두 풍문을 듣고 분주하여 겨를이 없을 것이니 어찌 도토리를 줍고 가을 농사를 할 기회를 얻겠습니까? 동쪽과 서쪽 경계는 땅이 야인과 접해 있어 비록 흉년이 들지라도 예상치 못한 변란을 염려하지 않을 수 없으나 나머지 다른 도들은 현재로서는 따로 경비할 일이 없으니 군대를 소집하여 사람 수를 조사할 필요가 없습니다. 전하께서는 각 도의 감사에게 군대의 진용을 점검하게 하고 대신을 나누어 보내는 명을 거두면 백성들이 크게 안도할 것입니다."

이에 왕이 말했다.

"경들의 말은 좋으나 대신들과 의논하여 자손만대의 계책을 삼은 것인데, 근일에 사헌부와 지식 있는 이들이 모두 불가하다고 말하고 이제 경들의 말이 또한 그러하니 만약 흉년 때문에 정지했다가 가령 내년에도 또 흉년이 들면 어떻게 할 것이오? 법을 세운 지 얼마 되지 않아 바로 고치면 남들에게서 '조선의 일은 사흘을 넘지 못한다'는 비웃음을 살 것이니, 나라의 큰일을 어찌 흉년 때문에 폐지할 수 있으리오. 내가 대신에게 이 일을 맡긴 것은 그 일을 중히 여기기 때문이오. 지금 경들의 말은 적은 폐단을 말하고, 큰 이익을 놓치고 있으니 나는 들어줄 수 없구려."

1434년(세종 16) 9월 2일

무엇에 쓰는 물건인고

경상우도 주둔군 책임자인 이징석李澄石이 글을 올렸다.

"끝을 송곳처럼 뾰족하게 한 3~4개의 발을 가진 쇠못, 즉 마름 쇠(철질려鐵蒺藜)는 군대에서 요긴하게 쓸 수 있는 무기이니 왜적이 들어올 수 있는 요충지에 빽빽하게 펴놓아 예상못한 변에 대비하면 적이 감히 쉽게 들어오지 못할 것입니다. 또 철질려를 전함의 뱃전에 펼쳐 놓으면 적이 뛰어넘어 올 수 없을 것이니 매우 유용합니다. 그러나 군대 주둔지에서만 만들어내는 데는 한계가 있으니 내륙의 각 지방마다 적당하게 철질려 생산량을 할당하여 그 생산량을 늘리고, 함길도와 평안도로 나누어 보내 방어를 굳게 하소서."

왕이 병조에서 의논하여 처리하게 했다.

1441년(세종 23) 9월 12일

장맛비 한 번에
성이 무너지다

사헌부에서 글을 올렸다.

"상벌은 왕의 큰 권한입니다. 상벌이 분명하고 엄하게 시행되지 않으면 사람을 권장하고 징계할 수 없으니 치세에 공을 쌓기 어렵습니다. 임자년(1432년)에 작은 오랑캐들이 전하께서 달래신 은혜를 생각지 않고 산천이 험해 군사들을 피하기 좋다고 생각하여 변경을 침략하여 피해를 입힌 바 있었습니다. 이에 전하께서 용맹한 군사를 보내 토벌하게 한 뒤 얼마 후 이들을 용서하고 포로들까지 돌려주었는데, 이들이 전혀 뉘우치지 않고 감히 방자하게 날뛰며 틈을 엿보아 침략하기를 그치지 않았습니다. 이에 전하께서 백성들이 무고하게 해를 입는 것을 가엾게 여겨 동·서·북 국경에 모두 성보城堡를 쌓기를 명해 도적을 방어하는 좋은 계책을 세우게 했으니 매우 탁월한 결정이었습니다. 그런데 이 일을 맡은 자들 중

전농시윤典農寺尹 박근朴根은 본시 아첨하고 말만 잘하는 간사한 소인으로 재상들과 인연을 맺고 있어 사복소윤司僕少尹 정이한鄭而漢과 더불어 친히 서북 국경의 축성을 하라는 중요한 명령을 받게 되었습니다. 그러나 이들은 축성 방식에 관한 지시도 받은 바 있으나 하루 빨리 성을 쌓아 벼슬과 상을 바라는 마음으로 성급하게 서두르면서 축성 요령을 따르지 않고 밖에는 주먹돌을 쌓고 안에는 잔디와 흙으로 채웠습니다. 이렇게 하면 단단하고 실하지 못해 금방 허물어져 버릴 것이라는 사실은 어리석은 자라도 능히 알 수 있었습니다. 그뿐만 아니라 그 도의 관찰사가 공사 현장을 보면서 '이 성이 견고하지 못해 주먹을 휘둘러도 쳐 깨뜨릴 수 있으니, 반드시 오래가지 못할 것이다. 어떻게 해야 하겠는가' 하면서 제대로 일을 하도록 독려했습니다. 그래도 박근과 정이한은 듣지 않고 제고집대로 부실한 공사를 강행했습니다. 무슨 심보로 그리했는지 모르겠습니다. 결국 성을 쌓은 지 1년이 못되어 장맛비 한 번에 성벽이 허물어졌으니 백성들을 부역시켜 수고롭게 하고도 국고를 허비한 죄가 실로 큽니다. 그런데 나라의 큰 경사를 만나 사면되어 구차하게 형벌을 면했으니 이들에게는 다행이나 나라와 백성에게는 진실로 불행한 일입니다. 이들의 지휘를 받아 일을 했던 수령들은 모두 파직되고 양식을 싸 가지고 가서 성을 고쳐 쌓아 책임을 지게 했습니다. 박근과 정이한은 전의 관직을 회복한 뒤 동북방東北方에 가서 성을 쌓는 책임을 맡게 되었으니 실로 형평에 맞지 않습니다. 또 이들에게 어찌 전날의 공을 바라는 마음과 경솔함이 없다고 하겠습니까? 오늘날 동북방의 성을 쌓는 것을 감독해 능히 단단하고 실하게 하여 무너지지 않도록 한다는 보장이 없습니다. 아직 공사 현장에 있을 때 바로 파직을 명하고 서북西北으로 보내 다른 수령들에게 물었던 것과 같은 동일한 책임을 지워 백성이 바라는 바를 시행하고, 뒷사람을 경계하소서."

왕이 허락하지 않았다.

1441년(세종 23) 10월 4일

《경국대전》에는 조선의 양인층이 의무적으로 지는 군
역은 지금의 육군에 해당하는 정병과 수군으로 나뉘었다. 정
병은 조선 초의 시위군과 영진군과 수성군 등을 통칭하는 것이고, 수군
은 기선군 또는 선군으로 불리던 병종으로 해안 요지의 각 포에 입번하
던 지방군 중의 해군을 말했다. 해군은 따로 뽑는 것이 아니라 육군, 그
중에서도 시위군에서 차출했다.

《세종실록지리지》의 기록을 보면 당시 군정 총원 중 선군의 합계가
절반이 넘고, 북쪽의 함경도와 평안도 지방을 제외한 나머지 6개도를
기준으로 하면 선군이 차지하는 비율이 약 70퍼센트에 달했다. 예컨대
강원도의 경우 육군 2,312명에 수군 1,384명, 경상도의 경우 육군
6,507명에 선군 15,934명, 전라도의 경우 육군 3,591명, 수군 11,793명
으로 기록된 사례가 있어 수군의 비율이 상당히 높았음을 알 수 있다.
지금이 그때라면 대부분의 신병들은 논산 훈련소가 아닌 진해나 평택
으로 가야 했을 것이다.

조선은 일찍부터 왜구의 침입을 겪었기 때문에 그 대비에 상당히 철
저했다. 특히 병선용으로 쓰이는 소나무를 확보해야 한다는 상소문에
서는 나라를 지키기 위한 노력과 고민들이 보이지 않게 스며 있다는 사
실을 알 수 있다. 수군은 열악한 선상 근무와 바다라는 특수한 상황으로
인해 육군보다 매우 위험하고 고된 군역이었다. 그래서 태조는 그 즉위
교서에서 "수군들이 배를 타고 다니면서 적을 방어하는 것은 그 자체로
도 위험한 일이다. 이들에게는 특별히 나라에서 배려를 해야 한다. 해당
지방관서는 부역을 감면하고 배는 번갈아 타게 하며 생선과 소금을 얻
어서 이익이 생기면 그들이 갖도록 하라. 이는 정부가 갖는 소금전매권
에 대한 예외로서 허용된다"고 따로 언급할 정도였다.

수군에 대한 이런 배려와 관심으로 1407년(태종 8)에 428척이던 병

선은 1433년(세종 14)에 829척에 이르렀다. 임진왜란에서 조선 수군의 활약이 도드라졌던 바탕에는 200년 전부터 해군 강화 전략도 있었다고 보아야 한다. 바다에 익숙한 사병들의 조직적 동원은 우연이 아니었다. 거기에 왜구의 접근을 곤란하게 하면서 강력한 함재 화기를 설치할 수 있었던 높은 선체와 안정성을 겸비한 병선들은 이미 세종 대에도 등장하고 있었다.

세종은 육상 방어, 즉 축성에도 게으르지 않았다. 백성들의 어려움을 덜기 위한 상소들은 대부분 받아주었던 세종은 축성 문제에서만큼은 웬만하면 일관되게 밀고 나갔다. 그 부친과 조부 모두 무인인 까닭도 있었지만, 왜구와 오랑캐의 침략으로 인한 백성들의 고통을 몸소 겪었던 세종으로서는 당장은 백성들이 고달프더라도 강력한 국방과 안보야말로 진정한 애민정신의 구현으로 보았던 것이다.

제7장

조선의 목민관

수령의 업적 평가 기준

사헌부에서 고을 수령의 치적에 관한 구체적 기준을 마련하여 올리니 그대로 시행했다.

"한 고을을 다스리는 수령의 업적을 평가하는 데 막연히 '덕행德行'이 얼마나 좋은지 평판이 괜찮은지를 따지고, 실제로 일을 얼마나 했는지 구체적으로 따지지 않고 있습니다. 이렇게 되니 수령은 남들에게서 헛된 칭찬이나 받고자 하고 중앙에서 파견된 관리나 고을의 유지들과 지방 향리鄕吏의 인심을 얻는 데나 신경을 씁니다. 그러므로 앞으로는 이 상소문에 첨부하는 7가지 항목을 기준으로 각 기준을 행할 때마다 내용과 이름을 적게 하여 이를 수령의 업적 평가자료로 삼아 승진과 퇴출의 근거로 삼으소서. 첫째, 어질고 용납하는 마음으로 궁핍한 사람들을 구휼한 것이 몇 명이며, 늙고 병든 사람을 돌봐준 것이 몇 명인가? 둘째, 수령 자신이 검소하고 부지런한 모범을 보임으로써 쓸데없는 비용을 어느 항목에서 절감했는가? 징세와 부역에 들어가는 비용을 어떻게 절감했으며, 아침저녁으로 이를 위해 직접 어떤 수고를 감당했는가? 셋째, 부임한 이후 법령을 받들어 지키면서 관아 밖 나무 판에 게시해놓고 새로운 법령을 백성들에게 깨우쳐 알게 한 것이 몇 개 조條에 이르는가? 넷째, 농업과 잠업을 얼마나 독려했는가? 구체적으로 관할 내에 제방을 쌓고 고친 곳이 몇 곳이며, 백성에게 뽕나무 심기를 권고하여 한 집에 몇 그루씩 심었으며, 관官에서 심은 뽕나무를 나눠준 것은 한 집당 몇 그루인가? 농사 시기를 놓치지 않도록 얼마나 독려했으며, 온 집안이 병을 앓고 있는 자는 이웃에게 경작하게 하여 농사 시기를 잃지 않게 하고 주인이 회복되기를 기다려 품값을 갚아주도록 주선한 사례는 몇 건인가? 다섯째, 학교를 증개축한 것과 관련하여 어떤 학교의 어떤 부분을 수리했으며, 생도生徒들 중에서 글을 읽을 줄 아는 사람은 몇 명이고, 사서삼경에 통달했다고 할 만한 사람들은 몇 명인가? 여섯째, 부역賦役의 공평과 관련하여 징세와 부역을 어떤 일로 백성들 사이에 형평을 맞게 하고, 군역軍役에 차별을 두었다면 어떤 사유로 그렇게 했으며 형평과 일관성을 어떻게 유지했는가? 일곱째, 재판 업무와 관련하여 제기된 소송들 중에서 판결로 매듭지어진 것은 몇 건인가?"

1406년(태종 6) 12월 20일

포악한 수령의 벼슬길을 막다

사간원에서 글을 올렸다.

"밀양군수 우균禹均이 잔혹하고 어질지 못해 지방의 아전과 백성을 형벌을 집행한다는 명목으로 매로 쳐 죽인 사람이 한두 명이 아니라는 말을 들었습니다. 중앙에서 영주부사 이백함李伯咸을 차사원差使員(특별한 임무를 가진 사신)으로 파견했는데, 그가 밀양에 가서 우균의 장살한 사정을 파악했습니다. 호장 박양朴良, 신일申逸의 딸, 김을우金乙雨의 종, 관아 말단 서무 박진朴進의 아들이 모두 매에 맞아 죽었다고 합니다. 이백함이 박양의 아들 박흥발에게 그 아비의 사인을 조사하는 자리에 우균이 관아의 군사들을 거느리고 난입하여 눈을 부라리며, '나는 다만 10대만 때렸을 뿐이다'고 하면서 박흥발을 꾸짖어 진술하지 못하게 하고, 이백함에게는 '차사원이 공정하지 못해 내게 죄를 주려 하는구나!' 하고 볼멘소리로

항의하니 이백함이 난처하게 생각했습니다. 관찰사가 금산군수 김질과 창녕 감무監務 금유에게 그 일을 조사하게 했으나, 모두 병으로 인해 자연사했다는 보고서를 만들었습니다. 상왕께서 편찮아 사형 다음 가는 죄에 대해 모두 사면령이 내려지자 관찰사가 바로 우균을 원래의 직책으로 돌려보냈습니다. 우균이 한 해 동안에 네 사람을 잘못 죽였지만, 이 죄들이 모두 대역죄와는 무관한 터라 그 희생자의 가족들이 고발해 보았자 큰 처벌이 없을 것이고, 오히려 보복을 당할까 두려워 감히 진실을 털어놓지 못하는 것으로 보입니다. 지금 전하께서 생명을 존중하고 사랑하는 마음으로 백성을 어루만지니 나라에 큰 죄를 지었어도 극형을 내려 사람의 생명을 빼앗는 일이 드뭅니다. 그러나 우균은 한 고을 안에서 1년 동안 네 명이나 죽게 만들었으니, 비록 사면을 입어 너그럽게 용서를 받았다 하더라도 집으로 돌아가 스스로 마음을 새롭게 하고 행동을 고쳐야 마땅할 것입니다. 그러나 감사에게서 원직에 복귀하라는 명을 넙죽 받아들이고 조금도 사양하고 피할 마음이 없으니, 저 잔인하고 음흉한 성질을 가진 자가 포악한 마음으로 보복을 하고자 더 광포하게 굴게 되면, 한 고을의 백성들이 신음하고 고통받는 것을 어찌 이루 다 말할 수 있겠습니까? 우균의 범한 죄가 사면 전에 있었으므로 비록 법에 따라 처벌할 수는 없다 해도 어찌 다시 백성을 다스리는 수령이 될 수 있겠습니까? 나중에 우균을 본받아 백성을 포악하게 해치는 자들이 나올까 두렵습니다. 우균의 직위를 파하고 다시는 평생 벼슬자리에 나서지 못하게 하여 후일에 함부로 형

벌을 자행하여 백성의 원성을 자아내는 자에게 거울이 되게 한다
면 나라와 백성을 위해 매우 큰 유익이 될 것입니다."

왕이 상소에 따라 우균을 파면하도록 명했다.

1409년(태종 9) 윤4월 20일

백성을 구제해도 죄가 된다?

대사헌 유영 등이 글을 올렸다.

"수령들의 뜻이 백성을 구제하는 데 있었다면 죄를 용서할 만한 것이요, 형법을 적용하는 데 그 구체적인 사정과 동기를 밝히지 않으면 원망이 일어나고, 이런 것이 화목한 기운을 해치는 것이므로 신중해야 합니다. 지난 10여 년 동안 각 도의 의창에서 곡식을 빌려주는 데 절도가 없었고, 거두어들이는 데도 고르지 못해 어떤 집에서는 갚아야 할 곡식이 100석이나 되는 곳도 있습니다. 유사시 군량으로 쓸 곡식이 민간에 흩어져 있고 회계장부에는 허수만 기재되어 있어 나라에서도 매번 경차관을 파견하여 수납을 독촉했습니다. 하지만 여러 해 동안 잇달아 흉년이 들어 그 해 거둬들인 것으로 빌린 조곡을 갚고 세금과 공물로 내도 오히려 모자랄 판이 되었습니다. 각 도에 파견된 경차관은 법령 위반을 두려워하여 한시라도 빨리 모두 받아들이려고 지방의 향리들을 채찍질하고 결국 그 욕이 수령에게 미치게 되었습니다. 벼가 아직 타작 마당에 이르기도 전에 경차관의 수하인들이 수확을 감시하고 딴 곳에 소비되는 것을 금지하며 통째로 의창에 실어 날라도 전부 갚지도 못합니다. 미납액이 있으면 그 집 가장을 옥에 가두니 늙은이와 어린 아이들이 갚지 못해 쑥대강이 같은 머리채와 벌거벗은 종아리로 길에 내몰립니다. 추운 겨울이 되면 옥중에서 얼고 굶주리게 되므로 수령된 자는 차마 징수를 재촉하지 못해 임시로 수납하지 않은 것도 거짓으로 이미 수납했다고 하여 장부에 기재하는데, 대개는 기회를 봐 다 받아들일 계획이었습니다. 조세는 그렇다 쳐도 공물은 내지 않을 도리가 없어 모두 빌려서 충당하니 백성은 굶주림을 근심할 여지조차 없습니다. 이러다 봄이 되면 더욱 굶게 되고 감옥에서 추위에 상했던 몸은 질병을 앓게 되니 봄 농사를 걱정할 수조차 없는 악순환이 계속됩니다. 하지만 사정이 이러하니 급하게 무슨 조치를 취하지 않으면 전하께서 하늘을 공경하고 백성을 염려하는 성심을 어기는 것이니 그 죄는 무엇보다 중합니다. 그래서 곧 감사에게 보고하여 호조에 사정을 전하고 싶어도 그 회신을 기다리려고 하면 이미 때를 잃어 백성을 구제하기 어렵게 됩니다. 이러니 수령된 자로서는 어찌해야 되겠습니까? 결국 임의로 창고를 풀어 굶는 백성에게 곡식을 나누어 주게 되니, 감사에게 보고하지 않은 책임을 면하기 어려우나 창고 재고에서 이를 감하지 않은 것은 급한 때를 넘긴 뒤에 바로 받아들여 보충하면 될 것이라는 생각 때문이었습니다. 이 모두 백성을 구제하기 위해 부득이 한 것이었으니 어찌 털끝만치도 제 몸을 이롭게 하기 위한 마음이 있었겠습니까? 만약 구체적 사정을 밝히지 않고 이 법률을 그대로 적용하면 지방 수령들이 어려운 백성을 구제했다는 이유로 1,000리 밖으로 유배 당할 수 있으니, 신들은 이를 걱정하는 것입니다. 나이출납죄의 법 조문을 살펴보면 소위 '나이출납'이란 수입과 지출을 가감하여 실 제 잔고를 딴 용도에 사용한 것을 말합니다. 만약 어려운 백성에게 임의로 곡식을 빌려주고 회계장부에 빈 숫자를 기록한 행위에 대 하여 자신을 위해 치부한 행위와 동일하게 책임을 물어 나이출납 죄를 적용하면 백성을 구제하는 마음이 있었던 자는 하루아침에 직첩과 관리에게 주는 농토까지 몰수당하여 거지 신세가 되고 말 것입니다. 그렇게 되면 그 처자들이 '어찌 혼자만 백성을 생각하다 가 이 지경에 이르도록 했는가' 하고 울며 탄식할 것이니 이런 원 망이 나라의 화목한 기운을 해치는 원인 중 하나가 될 것입니다. 전하께서 정부와 육조에 명을 내려 앞으로는 관리의 범죄에 나이 출납의 죄를 적절하게 적용하고 그 사정을 들어본 뒤 판결을 내려 법을 집행하면 매우 다행이겠습니다."

1424년(세종 6) 6월 14일

관청 예산,
비리의 싹이 되다

호군護軍 신정리申丁理가 글을 올렸다.

"신이 작년 가을에 경상도에 경차관으로 파견되었는데, 그때 보고 들은 것 중에 고쳐야 할 폐단이 있었습니다. 각 관청에 속한 토지들이 있는데 그 수입만으로는 연간 소요경비를 충당하기에 부족합니다. 그런데 지방관으로서 자기 관할에 오가는 관원을 접대하지 않을 수 없으니 이를 읍면의 향리에게 맡겨 음식을 준비시키게 됩니다. 그러고도 부족하면 소금 등을 강제로 민간에 팔고 부득이 쌀과 콩을 나라 창고에서 빌려 쓰게 됩니다. 그러므로 본래 현명한 이도 수령이 되면 이 죄를 범하게 되고 발각되어 처벌받게 되면 그 죄가 중죄에 해당되므로 모두 청렴하지 못한 무리와 일반이 되고 재물을 탐하여 벼슬을 더럽힌 관리가 됩니다. 주변에서 돌아가며 이런 일들을 보게 되니 수령들의 생각으로는 본래 현명한 사람도 이런 행위는 하게 되어 있다고 여기고 마침내 서로 본을 받아 아주 관행처럼 굳어져 여러 가지로 꾀를 쓰니 실로 나라의 정치를 어지럽히는 일입니다. 관청에 속한 농토는 모두 군수물자를 담당하는 기관에 소속시키고, 경상비는 필요한 대로 지급하면 어진 자는 법을 범하지 않고, 탐오한 자도 또한 그것을 구실 삼아 사욕을 부리지 못할 것입니다. 또 각 도에 도절제사都節制使를 두어서 군사를 훈련시키는 것은 왜구와 오랑캐를 방어하기 위한 것입니다. 신이 우도병마사의 경우를 보니 군마를 모으기 위해 일주일씩 걸리는 지역을 돌고 역마를 수십 마리씩 동원하여 사냥을 하는데, 이들이 도착하는 고을에서는 임시로 수십간의 초막을 짓게 되어 대단히 수선스럽고 접대하는 폐단도 이루 말할 수 없었습니다. 그러나 군사들은 이를 당연한 관행처럼 여기고 있었으니 어찌 경상우도만 이렇겠습니까? 다른 지방도 같을 것입니다. 만일 왜구와 오랑캐가 이런 사정을 알게 되면 그 틈을 타서 노략질할 마음이 생길 겁니다. 군대 규모에 따라 사냥하는 기간과 군사의 수를 제한하고 급한 사정 외에는 도병마사가 마음대로 역마를 징발하지 못하게 하소서. 그러고도 만일 전과 같이 방자한 행동을 하며 민폐를 끼치는 자가 있으면 감사에게 조사하여 보고하도록 하십시오."

이에 왕이 호조에 상소문을 내려보내 의논하게 했는데, 호조에서 보고가 올라왔다.

"각 고을 관청의 토지를 군자軍資에 속하게 하고 그 경비를 국고에서 지급하게 되면 정작 군수물자가 부족하거나 없어질 염려가 있으니, 주현州縣의 둔전屯田 제도를 되살려 지방의 규모에 따라 나눠주어 관가에 속한 노비를 시켜 경작하게 하고 그 소출을 감사에게 보고하여 장부에 기록하도록 한 뒤에 관아의 비용이 떨어지면 감사에게 보고하고 쓰도록 하소서. 관청에 속한 토지와 둔전 외에 다른 토지를 더 경작하거나, 백성을 동원하여 농토를 부치면 수령은 율에 따라 죄를 주십시오. 그리고 병마사의 사냥에 관련한 일은 주무관청인 병조에서 의논하여 안을 올리도록 하소서."

왕이 그대로 따랐다.

1424년(세종 6) 10월 6일

수령을 고발합니다

좌사간 유계문柳季聞 등이 글을 올렸다.

"수령을 잘 고르는 것은 백성을 다스리는 근본 중의 근본입니다. 그러므로 바른 수령의 재목을 얻어 쓰면 백성이 그 복을 받고, 그런 수령감을 구하지 못하면 백성이 그 화를 받으니 전하께서는 반드시 청렴한 신하를 택해 써야만 합니다. 그래서 옛날 현명한 왕들은 일반 백성이 자기 고향에서 편히 거주하는 것은 오직 어진 수령 때문이라는 걸 잘 알면서, 속된 관리들이 겉으로 꾸며 중앙 정부에 잘 보이면서 뒤로 자기 욕심을 채우는 짓을 가장 미워했습니다. 그런데 지금 정부에서 법을 제정하여 그 수하에 속한 관리나 백성들이 자기 지방의 수령이나 감사를 고발하는 경우를 역모죄나 살인 죄로 국한합니다. 그리고 나머지 잘못에 관해서는 설령 그 고발 내용이 진실하더라도 고발장을 받지 않고 고발한 자를 매 100대에

3,000리 밖 유형에 처하도록 하고 있습니다. 백성들 중에서도 사특한 자들이 있어 윗사람을 능멸하고 어진 상관을 상대로 모사를 꾸미는 나쁜 습속이 있을 수 있으니 나라의 기풍을 바로 세우기 위해 이 법 자체는 훌륭하고 그 뜻을 높이 살 만합니다. 그러나 이 법은 자기 배를 채우는 관리에게는 다행이나 힘없는 백성들에게는 불행합니다. 대개 백성을 억압하고 재물을 긁어모으는 자들이 군현에 도사리고 앉아 백성들의 고혈을 짜내고 골수를 깎아내 자기 배를 채우게 되면 백성들은 부지하고 살 길이 없어집니다. 이런 때에 그 입으로 탐관오리의 비행을 말하고자 해도 고발자 처벌법을 두려워하여 아무 말도 못하게 하면 수령이 아무런 거리낌 없이 사욕을 채우게 되니 백성들이 입게 될 화는 이루 말할 수 없을 것입니다. 바로 최근에 이런 일이 일어났습니다. 지방 수령 중 민수산과 조진 같은 자가 수령의 본분을 잊고 사욕을 채우다 처벌받았는데도 관직을 더럽히는 일들이 근절되지 않고 있습니다. 지금 경기 교하현의 지방 선비 정을방鄭乙方이 고발자 처벌 제도를 두려워하여 자기의 노비인 두을언豆乙彦으로 이름을 고쳐 그 수령 조만안趙萬安이 범한 불법행위를 지적했습니다. 그 고발장에 의하면 '조만안은 배곯는 백성들을 구제할 쌀 30석을 개인적으로 팔아 그 돈을 횡령하고, 의창에서 빌려준 곡식을 받을 때 받아야 할 것보다 많이 받아낸 뒤 나라 창고에 보관할 때는 다시 말을 재어 일부를 빼돌렸다'고 되어 있습니다. 고소 내용이 사실이라면 관직을 더럽히고 백성을 수탈한 수령은 처벌하지 않고 고발인만 죄를 받게 한다는 것은

실로 가슴 아픈 일입니다. 지금 나라의 법은 중앙이나 지방의 관리들 중에서 재물을 수탈하여 사욕을 채운 죄를 범한 자들에 대해서는 비록 나라에 특사가 있어도 그 대상에 포함시키지 않고 법에 의해 그대로 형벌이 시행되도록 하고, 불법 살인의 경우에는 사면도 가능하게끔 해놓고 있습니다. 이러한 법의 취지로 본다면 불법 살인죄보다는 오히려 백성들을 수탈한 죄가 더 중한 것입니다. 그런데 좀더 가벼운 범죄에 대해서는 고소를 허용하면서, 그보다 중한 수령의 죄에 대해서는 고소를 불허하고 있으니 이는 법 시행에서 균형을 잃었을 뿐 아니라 법률 체계에도 모순이 됩니다. 그러니 이제부터는 중앙과 지방 관리들이 하급관리나 백성들의 재물을 착복하면 고발을 허용하여 탐관오리를 징계하고 백성들의 생활을 편안하게 하소서.”

이에 대해 왕이 말했다.

“이는 급한 일이 아니니 내가 나중에 경들과 친히 상의하여 결정하겠소.”

1425년(세종 7) 2월 2일

수령의 호종죄

사간원 좌사간 유계문柳季聞 등이 글을 올렸다.

"관리가 부당하게 재물을 긁어모으는 죄를 범하는 것은 악질 누범(호종怙終)에 속하는데, 이 호종죄는 마땅히 중하게 처벌해야 합니다. 우리 법이 보통 백성의 절도죄는 일반 법률에 의해 처단하지만, 장물죄를 범한 관리는 비록 사면이 있더라도 죄를 매기고 엄중하게 처단할지라도 이는 무지한 자가 법을 범하는 것보다 책임이 무겁기 때문입니다. 최맹온은 안악군수로서 백성이 바야흐로 봄날 파종할 시기를 맞아 먹을 양식은커녕 심을 종자조차 부족하여 모두 관가만 바라보고 있었지만 탐욕스럽고 더러운 마음만 가득하고 백성을 걱정하는 마음은 일체 없이 모리배와 결탁했습니다. 그리하여 함을생咸乙生과 인만仁萬이란 자에게서 비단과 피륙 등의 뇌물을 받고 백성에게 나눠주어야 할 볍씨 312섬을 가로채 감히 사사로이 이들에게 주고, 간사한 꾀를 부려 이를 분배한 양 거짓으로 공문서를 꾸몄습니다. 그리하여 백성은 때를 잃고 농사를 그르쳐 먹고 살기 어렵게 되었고, 전하의 거룩하신 은택은 가리고 막혀 백성들이 그 은혜를 입지 못하게 되었습니다. 그 죄를 생각하면 몸을 갈기갈기 찢어도 그 죄를 다 갚지 못할 것인데, 부당하게 처분한 벼의 수량만 보더라도 장물죄의 형량 기준보다 많으니 이에 따라 처단함이 마땅합니다. 그런데 형조에서는 최맹온이 끼친 나라의 기강 문란의 중죄는 생각하지 않고 함을생에게 준 200섬에 대해서는 보관책임자에 대한 횡령 혐의를 적용하고, 인만과 사사로이 바꾼 112섬은 회계항목 임의변경에 관한 법조문을 적용함으로써 두 사건으로 나누어 가볍게 처결했으니 참으로 부당합니다. 전하께서도 이런 법 적용을 승인하여 곤장 100대에 3,000리 밖으로 귀양 보내고, 먹물로 몸에 글씨를 새기는 형에 그쳤습니다. 신들은 이런 식으로 형벌이 적용되면 탐하고 더러운 풍습이 그치지 않고 관리로서 장물죄를 범하는 자가 뒷따를까봐 심히 염려가 됩니다. 이 사건을 다시 사헌부로 보내서 조맹온이 임의로 처분한 모든 볍씨를 장물죄 하나로 적용하여 법대로 처형하고 이를 널리 보여 뒷사람을 경계하소서."

1425년(세종 7) 5월 17일

3년 임기제냐, 6년 임기제냐

사헌부 집의 김타金沱가 수령의 임기를 6년으로 하는 것은 불가하다는 글을 올렸다.

"백성은 나라의 근본이요 수령보다 백성에 가까운 관원은 없습니다. 이는 수령이란 성상의 은혜를 받들어 교화를 선포하며 백성을 사랑하여 돌보고, 물건을 기르고 아끼는 것으로 그 직분을 삼기 때문입니다. 태조께서 나라를 세우고 왕위를 물려주실 때부터 수령의 임기는 3년으로 하고 그 안에 치적治績을 자세히 살펴 평가를 하되 상·중으로 점수를 매겨 세 번이나 중中을 받은 자는 좌천하고, 다시 중간 등급을 받으면 파면하되 평가를 조절하는 자세한 내용은 법률로도 정해 주었습니다. 수령의 임기를 짧게 하여 자주 옮기는 것도 그른 일이고, 오래 두는 일 역시 옳지 못하다고 봅니다. 이동이 잦으면 마음을 붙이지 못해 제대로 굳건하게 직무를 수행하지 못할 것이고, 오래 놔두면 마음이 게을러져 직무 수행이 차츰 약화될 것이니 자주 옮기는 것이나 오래 맡기는 것의 폐단은 같습니다. 그렇지만 이미 지난 경험을 통해 말씀드리자면 오래 맡겨둘 때 생기는 폐단 중에 큰 것을 지적하겠습니다. 첫째, 선비로 관직에 종사하는 사람은 직무를 수행하면서 부지런함과 조심함으로 자신을 닦으면서 한편으로는 임기를 계산하고 진급을 염두에 두는 것이 인지상정입니다. 그런데 한 번 어느 지방의 수령이 되어 마냥 6년을 기다리고 머물게 된다면, 해가 갈수록 날카롭던 의지가 꺾이고 관직생활의 앞날도 단조로워 자신을 돌아볼 때 한심한 생각이 들만도 합니다. 그 과정에서 간사한 아전의 속임에 빠지거나 장기간 근무 중에 혹여라도 실수로 법에 저촉되어 문제라도 생기면 한 번의 실수로 예전에 닦았던 공을 모두 잃게 되니 선비들이 탄식하게 됩니다. 둘째, 임기가 길므로 6년의 임기 동안 관아에 있는 서류와 장부만을 적당히 기록하고 꿰맞추는 것만으로 제 할 일을 잘 하는 줄로 알며 임기 동안 귀찮고 어려운 일은 피하고 이익만을 좇아 구하기에 힘쓸 뿐 아니라, 백성을 편안하게 보호하여 기르고 은혜로 도와주고 돌보아주는 것은 일로 삼지 않으며 긁어모으고 재촉하여 거둬들이기만을 능사로 삼습니다. 더 심한 자는 공공의 재산을 가로채 개인의 배를 채우고, 윗사람에게 잘 보이기 위해 백성들에게서 긁어모은 것으로 뇌물을 바치니 임기가 오래되면 백성들에게 돌아가는 것은 손해이고, 이익은 없습니다. 셋째, 사람이란 처음에는 부지런하다가 끝에 가서는 게을러지는 법입니다. 지금 지방관들을 보면 훌륭한 수령보다 부패한 관리들이 많습니다. 탐관오리들 중에서 부임 초에는 조심하고 가다듬는 간절한 마음을 가지고 낮이나 밤이나 게을리 하지 않고 나라 일을 부지런히 하여 백성이 잘 살도록 수고하고 힘써야 된다고 하지 않았던 자들이 누가 있겠습니까? 그러나 오래 있다 보면 그럭저럭 일하자는 생각이 점점 들게 되고 백성들에 대한 상과 벌이 제 마음에 내키는 대로 이루어지고, 자기에게 아부하는 자들을 더 따르게 됩니다. 그러다 보면 말 달리고 사냥하고 잔치하고 놀이하며, 교만하고 방자하고 음란하고 방탕하여 못하는 것이 없게 될 것입니다. 근자에 불행하게도 이런 식으로 법망에 걸린 자들이 하나둘이 아닌데, 설령 법망에 걸리지 않았다 하더라도 물욕을 좇아 백성을 괴롭혀 나라의 근본을 흔들어 놓는 사례들은 더 있을 것입니다. 3년의 임기에도 백성이 오히려 싫증을 내는데 하물며 6년이야 어떠하겠습니까? 넷째, 근래에 지방관 평가에서 사사로운 정리에 좇아 점수를 지나치게 후하게 주는 일이 많습니다. 지방관 평가 보고서에 의하면 한 도에서 상급 평가를 받은 자들이 40명에 이르는 곳이 있는데, 팔도의 상급 평가자를 모두 합하면 100명이 넘는다고 합니다. 벼슬자리는 한정이 있는 법인데 이렇게 되면 인사를 담당하는 조정에 큰 부담이 되고 전하께서도 많은 신경을 써야 합니다. 무엇보다 이렇게 되면 진짜 괜찮은 수령과 그렇지 못한 자들을 구분하지 못하게 되어 승진하는 자들 중에 마땅히 승진할 자도 있겠으나 껍데기만 그럴싸한 자들도 섞이게 되어 인사의 공정성에 신뢰를 얻을 수 없습니다. 지금처럼 중급 평가자들까지 파면하지 않고 유보하여 둔다면 장차 지방관들의 임기 만료가 돌아올 때 수백 자리의 인사 이동을 하기 어려울 것입니다. 이에 신은 전하께서 수령의 임기는 조종의 법에 따라 3년으로 하고 3년 동안의 업적 평가에 3번 중中을 받은 자는 파면하고, 계속 2번 중을 받은 자는 직임을 바꾸게 하되, 이 기준을 널리 바로 알려주길 바랍니다. 이렇게 하면 중앙 정부에 지방관 평가서를 보고할 때 한 도에 상급 평가를 받는 사람은 많아야 10명 혹은 3~4명까지 줄어들 것이니 평가가 정밀해질 것입니다. 여기에 따라 지방관을 쓰면 제대로 된 자들만 승진과 전보가 될 것이니 나라의 근본은 더욱 단단해지고 조종이 만든 법의 권위가 서고, 전하의 인의와 효심이 백성들의 마음에도 합할 것입니다. 지극히 어리석고 둔한 신이 감히 몽매함 가운데 오직 나라와 전하를 위하는 마음으로 말하니 성상께서는 이를 잘 살피고 시행하여 주십시오."

이 상소문을 읽어본 왕이 말했다.

"마음의 품은 바를 숨김없이 모두 다 말했으니, 내가 그 뜻을 아름답게 여겨 자세히 보았소."

1425년(세종 7) 6월 2일

수령의 부정축재죄

우군 경력 신정리申丁理가 글을 올렸다.

"감사監司는 그의 직책이 한 지방을 맡는 까닭에 편파적이거나 정실情實에 치우쳐 부실한 자를 임명하면 안 됩니다. 지금 감사를 승진시키고 좌천시키는 기준에 모호함이 없지 않아 겉치레를 꾸미는 자를 훌륭한 것으로 보고, 묵묵히 제 일을 하며 가식이 없는 자를 요령이 없다 하니 그 판단 기준이 잘못되었으며 거짓과 진실이 바뀌었습니다. 그래서 서로 잘 보이기를 구하고 좋은 평가를 받으려고 다투니 여기에 어찌 태평성대에 인재를 고르는 참된 뜻이 있겠습니까? 지금부터는 감사가 될 자의 인적 사항을 마땅히 대간에 맡기고 거기서 마음이 맑고 깊으며 행정 업무에도 밝은 사람을 골라 의정부에 올리게 하십시오. 그리고 나서 그 가부를 상의하여 이름을 적어 내게 한 다음 전하께서 임명하소서. 수령된 자가 조세를 징수하거나 손님 접대를 한다는 핑계로 빈번하고도 과중하게 백성에게 부담을 지우고 있습니다. 가난하여 바칠 것이 없는 백성들에게는 포학한 방법으로 추가로 더 거둬들임으로써 살림을 더 곤궁하게 만듭니다. 중앙에서 파견되어 조사를 할라치면 사실을 숨기거나 마땅한 증거가 없어 죄를 묻기도 어렵습니다. 앞으로는 수령들이 백성에게서 거둬들일 때는 먼저 관인이 찍혀 있는 문서를 발행하여 그 집에 주고 나서 받도록 하고, 문서 교부 전에 수납하는 경우에는 공물 장부와 서로 대조하여 정리시키고, 이중으로 받거나 더 받는 자는 부정축재죄로 처벌하도록 하소서. 이렇게 하면 조사하기에 편하고 또한 쉽사리 백성을 수탈하는 범죄를 저지르지 못할 것입니다."

왕이 명해 의정부와 여러 조에 회부하여 함께 의논하게 했다.

1426년(세종 8) 3월 21일

무능한 수령들

대사헌 권도 權蹈 등이 글을 올렸다.

"옳은 사람을 수령으로 앉히면 백성이 그 복을 받고, 그런 사람을 앉히지 못하면 백성이 그 화를 입습니다. 전하께서 명철하신 지혜로 사람을 잘 감별하는 혜안이 있으며 사람 고르는 일을 중히 여기고 지방관을 내보내실 때 친히 접견하니 백성을 걱정하는 뜻이 참으로 지극하십니다. 그러나 아직도 여러 고을에는 그 직임에 걸맞은 능력을 갖추지 못한 자가 버젓이 섞여 있습니다. 어리버리하여 판단 능력이 떨어지고, 우물쭈물하여 눈치만 살피는 비겁한 무리가 지방 수령들 틈에 자리를 차지하여 요행수로 지방관 업적 평가에서 합격점을 받아 구차하게 세월을 보내면서 관직을 헛되게 하니 백성에게 미치는 우환이 실로 큽니다. 신들이 전하의 은혜를 입어 나라의 기강과 법도를 지키는 책임을 맡게 되어 감히 입을 다물고 있을 수 없기에 우선 들은 바를 상소문을 갖추어 올리니 아래에 있는 자들을 모두 파면하고, 충직하고 능력 있는 신하로 대체하여 이들에게 백성을 다스려 달라는 부탁을 무겁게 하면 이보다 다행이 없겠습니다. 전주 부윤 김정전·연안 부사 유직·순흥 부사 김겸·선산 부사 안질·양양 부사 정윤·지고원군사 박조·지면천군사 조회는 늙고 혼미하여 그 권한이 아전의 손으로 돌아가 있으며, 지용강현사 최택·금천 현감 김조는 나이는 많지 않으나 연약하고 용렬하여 간사한 아전들에 의해 놀아나고 있습니다."

왕이 이조에 명해 일을 처리하라고 했다.

1426년(세종 8) 7월 25일

뛰는 수령 위에 나는 백성

우사간 대부 박안신朴安臣 등이 글을 올렸다.

"맹자의 왕도정치에 의하면 백성에게 꾸준한 생업을 갖게 하고, 꾸준한 마음을 갖도록 하기 위해서는 살아서 이사를 하거나, 죽어서 장사를 함에도 그 고장을 함부로 벗어나게 해서는 안 된다고 했습니다. 그렇다면 백성의 유망流亡(유리하고 도망하는 일)을 막아 일정한 곳에 안정되게 거처하여 근심없이 자기 생업에 종사하도록 하는 일이야말로 백성을 다스리는 큰 도리입니다. 백성들의 유망이 나라를 다스림에 끼치는 폐해는 이루 말할 수 없으나 큰 이유만 몇 가지 말씀 드리겠습니다. 일하지 않고 노는 것을 좋아하는 자들이 해마다 이리저리 옮기는데 한 사람이 나서서 귀띔하고 들쑤시면 어떤 자는 집을 짓다가 마치지도 않은 채 가기도 하고, 어떤 자는 씨 뿌린 곡식이 싹도 나기 전에 내버리고 떠나니 어찌 한 곳에 정착하여 가축을 기르며 밭을 갈고 곡식을 가꾸어 오래도록 살 계획을 갖기 바라겠습니까? 이사를 자주 할수록 살림살이는 더욱 오그라들 것이니 이것이 첫 번째 폐해입니다. 두 번째로는 유망이 제어되지 않으면 나라의 법을 지키지 않는 무리가 살인과 강도를 일삼고, 남의 재물을 탐내 도둑질을 할 때 그 속에 자기 소행이 용서받지 못할 일이 아님을 알아 두려워하면서도, 마음 한구석에 '범행이 탄로나더라도 어디론가 도망하여 살면 그만이다'는 생각이 있어 대담하게 범죄를 저지르게 되니 인심을 각박하게 하고 풍속을 어지럽히는 폐해가 있습니다. 세 번째로는 우리나라는 동쪽에 왜적이 있고, 북쪽에는 오랑캐가 있어 병무 행정만은 참으로 소홀하게 할 수 없습니다. 자고로 남자로 태어났으면 군역軍役이 있는 것은 어느 나라, 어느 시대에도 있는 법인데 저들이 군역을 꺼려 도망하므로 병사들의 수가 줄어들고 남은 자들 중에서도 틈만 있으면 이를 피해 도주하려 하는 마음이 생겨 군대의 기강이 해이해지는 폐해를 들 수 있습니다. 또 무뢰배들이 자리를 옮겨 다른 고장으로 가서 관에 식량을 요청하면 그 고을의 수령은 관내에 기근자가 생기도록 방치한 죄가 자신에게 미칠까 두려워하여 창고 문을 열어 급한 대로 무상으로 구제하거나 빌려주기도 하는데 한 집에서 많게는 수십 석씩 받아먹고는 갚지 않고 도망하여 다른 고을로 가서 그와 같은 짓을 반복하여 국가의 재정을 소모하고 있으니 이것이 네 번째 폐해입니다. 마지막으로 위와 같이 범법을 일삼는 무리가 생계를 위해 일하지 않고 이리저리 돌아다니다 마침내 그 어디에 갈 곳도 없고, 의지할 데도 없으면 도적이 되어 중한 죄를 짓게 되고 이로 인해 형벌만 늘어나는 폐해를 꼽을 수 있겠습니다. 지금 현행법에도 이러한 점을 우려하여 유망 금지에 관한 조문이 있으니, '도망한 자를 받아들인 집의 가장과 이 가구가 속한 네댓 호 중의 우두머리는 각 장 100대에 처하고, 이를 신고하지 않은 동리 이장도 장 70대에 처하며, 수령으로써 능히 살피지 못한 자는 법에 따라 처벌한다'고 되어 있습니다. 형식적으로 보면 유망을 방지하기에 부족함이 없어 보이지만, 도망하는 자들이 끊이지 않는 것은 아직도 법에 몇 가지 흠결이 있기 때문입니다. 중국과 같이 우리보다 훨씬 넓은 나라에서도 사람들이 도망하여 숨을 곳이 없어 오직 법령에 좇아 사는 것은 기강이 엄해 백성들이 두려워하는 바가 있기 때문입니다. 따라서 지금부터는 법을 보다 엄격하게 시행하여 도망자가 있는 집의 가장家長, 열흘이 지나도록 이웃집에 도망자가 있지만 이를 묵인하고 있는 호수戶首, 한 달이 지나도록 신고하지 않은 이정里正은 각각 장 100대에 처하고, 그 수령으로서 능히 살피지 못한 자는 중한 죄로 처벌해야 할 것입니다. 또 도망한 자와 정장正長으로서 신고하지 않은 자의 가산은 모두 신고한 자에게 주어 그 상에 충당하도록 하십시오. 그리고 부득이 이사할 수밖에 없는 백성의 경우에는 관할 관청에서 그 사연을 신고 받은 뒤 이사 갈 곳의 관청에 공문을 보내 그곳에 적籍을 새로 만들도록 하고 이를 회부받아 이주 사실을 기록한 다음 이주 신청자에게 증명서를 1매주어 이사할 수 있도록 하십시오. 또 흉년이 들어 고향에서 계속 살 수 없어 부득이 객지로 갈 수밖에 없는 자도 고을의 관아에 신고하여 장문을 받은 뒤에 가도록 하는 등 오고 가는 모든 사항을 전출지와 전입지 관할 관청에서 이중으로 기록하도록 하면 무뢰배들이 유망하려 하다가도 함부로 갈 곳이 없음을 알게 되어 도망하는 자는 자연히 끊어지게 될 것입니다. 유망이 없어지면 백성은 일정한 거주지를 갖게 되어 살림살이가 풍족해질 것이요, 사람들의 마음도 안정되어 풍속이 아름다워질 것이며, 군사의 숫자도 날로 늘어 안보도 튼튼해질 것이고, 나라 창고의 출납에 법도가 있어 국고 낭비가 생기지 않을 것이요, 도적이 스스로 자취를 감추게 되어 형벌도 간단하게 될 것입니다. 신들이 전하의 성군정치의 시절을 맞아 굳이 법을 준엄하게 하도록 진언하는 이유는 소인들의 악한 짓의 상당수가 유망하는 데서 비롯되니 치도治道의 근본을 굳건히 하기 위함입니다. 정치는 풍속을 혁신하는 데서 시작되고, 형벌은 때에 따라 경하게도 하고 중하게도 할 수 있는 법이니, 신들의 의견으로써 유망의 폐해를 구한다면 참으로 다행이겠습니다."

왕이 이 상소문을 병조에 내려 의정부와 육조에서 함께 논의하여 의견을 올리도록 했다.

1426년(세종 8) 8월 27일

수령, 먹고 튀다

사헌부에서 글을 올렸다.

"욕심이 많고 야비한 행위로 인한 죄는 징계하지 않을 수 없고, 악을 징계하는 법은 엄해야 합니다. 일반적으로 사람들이란 앞에서 누가 벌을 받지 않으면 뒤로는 마음이 헤벌어져 제멋대로 합니다. 근래에 수령들의 탐욕이 끊이지 않아 관물官物을 도둑질하되 공공연하게 바리바리 실어 나르니 불법이 극에 달했습니다. 사람들이 미워하고 귀신이 노해 마침내 죄상이 드러나면 잽싸게 직첩을 싸 가지고 도망하여 숨어 구차하게 법망을 피한 다음 사면을 엿보아 죄를 면하는 자가 종종 있습니다. 사직당국에서도 이런 자들에 대해 사면 전의 행위는 불문에 부친다는 법조문에 막혀 따로 체포하여 조사를 할 수 없습니다. 이런 짓이 한두 번 시작되니 관리로서 부정축재죄를 범한 자들이 앞다투어 이를 본받게 되어 만약 사직당국에서 범죄 수사에 착수할라치면 바로 도망하여 숨었다가 사면령이 내린 뒤에 뻔뻔스럽게 부끄러움도 모르고 사대부들과 더불어 세상에 서서 사람 대우를 받게 되니 양심 있는 지식인들이 개탄해 마지 않습니다. 이는 악을 징계하는 법의 정신에 반할 뿐 아니라, 아름다운 풍속을 장려하는 도리에도 어긋납니다. 이제부터 부정축재죄를 범하고 도망했다가 사면 이후에 슬그머니 나오는 자들은 그 사건은 이미 사면 전의 행위이므로 문신 형벌을 받은 죄인의 경우와 같이 곧 직첩을 회수하고 이름을 남겨서 영구히 벼슬에 쓰지 말고 뒷사람을 경계하고 선비의 기풍을 바로 잡으소서."

왕이 그대로 따랐다.

1437년(세종 19) 8월 7일

사형에 처해도 허물이 남는다

사헌부에서 글을 올렸다.

"예의를 숭상하고 염치를 아는 습속을 세우기 위해서는 착함과 그름에 분별이 있어야 됩니다. 지금 시대가 기강이 엄하지 않은 것도 아니고, 상벌이 분명하지 않은 것도 아닌데 근래에 들어 사대부 사이에 염치가 없어지고 탐욕이 더욱 심해졌습니다. 고을 수령은 욕심을 부려 거리낌 없이 관아의 창고를 개인 곳간으로 여겨 큰 물건 작은 물건 할 것 없이 자기 집으로 옮겨 놓았다가 꼬리가 밟히는 바람에 국법에 의해 처벌되고 비웃음을 사는 자가 끊이지 않습니다. 드러나지 않은 사건들도 더러 있을 것입니다. 안보해는 부당하게 축적한 장물의 가액이 사형죄에 해당하는 기준의 3배에 달하니, 죽여도 그 허물이 남습니다. 안보해가 이미 죄를 자백하고 3심까지 종결되었으니 교활한 관리들은 간담이 서늘하여 떨고 있습니다. 그런데 전하께서는 관리들의 탐욕스러운 풍습을 바꾸는 이 좋은 기회에 장물의 수효를 다시 계산하라는 명을 내렸으니, 죄인이라도 한 번 죽으면 살아날 수 없으니 자세하게 잘 생각하도록 한 것에 대해 신들은 한 사건이라도 치밀하게 살피길 좋아하고 극형을 차마 못 내리는 어진 덕을 칭송하지 않을 수 없습니다. 그러나 군자를 변하게 함은 예의이나 소인은 형벌로 다스려야 하니 그 허물에 따라 작게 징계하여 큰 범죄를 막으면 그것이 소인의 복입니다. 그렇지만 악한 짓을 멈추지 않아 고의로 죄를 쌓으면 그때의 형벌은 작게 하지 않는 법이니, 이는 예부터 현명한 군주가 취해왔던 방법입니다. 지금 수령들은 왕의 걱정을 나누어 받들어 가서 100여 리나 되는 지방을 다스리니 그 임무가 무겁습니다. 그래서 발령을 받아 하직하는 날에는 전하께서 대궐로 불러 만나보고 간곡히 부탁하니 대우가 지극합니다. 부임하게 되면 작은 고을이라도 모두 왕과 신하와 같은 예법에 준해 생활하니 먹고 입는 것과 처자를 봉양하는 일은 넉넉하지 않은 것이 없고 영화도 분수에 넘칩니다. 그러므로 진실로 황송하면서도 두려워하여 위로는 성상의 마음을 본받아서 은덕을 베풀고, 아래로는 백성들에게 무엇이 이롭고 해로운지 살피고 그 고통을 어루만지며, 침체된 것을 일으키고 잘못을 바로잡는 일에 정신을 쏟아야 마땅합니다. 그런데 이런 것은 생각하지 않고 이를 탐내 못하는 짓이 없으니 가난한 백성이 굶주림과 추위에 처해 자그만 물건을 훔친 것을 어찌 괴이하다 하겠습니까? 재물을 탐내 정사를 어지럽히고 백성을 학대하여 고을을 병들게 한 자는 정황이 아직 드러나 있지 않더라도 세밀하게 적 발해서 엄하게 다스려야 합니다. 하물며 안보해는 법으로 용서할 수 없고, 정상 참작할 만한 사정도 전혀 없습니다. 안보해의 사건 을 듣는 자마다 침을 뱉으며 나무라지 않는 이가 없으며 한결같이 '사형에 처해야 한다'고 합니다. 장물죄의 경우 범행지의 파는 가 격을 기준으로 산정하여 죄를 정한다는 법조문이 있고 이를 시행 한 지 오래되었으며, 신들이 사사롭게 궁리한 것도 아닙니다. 그런 데 어찌하여 전하께서는 이웃 고을의 상·중·하의 가격까지 참고 하여 그 죄를 가볍게 하는 것입니까? 한 사람의 죽고 사는 것이 별 것 아닌 것처럼 보여도 세상의 도의가 번창하거나 반대로 타락함 과 관계가 있습니다. 한 사람을 상 주어서 천만인을 권장하며, 한 사람을 벌하여 천만인을 두렵게 하는 것입니다. 한 번 그 기회를 잘 골라 시행하면 완악한 풍속이 청렴해지고 눈치만 보던 소인들 이 도의에 합당하게 스스로 행하는 풍조가 일게 되지만, 한 번 기 회를 놓치면 의를 멀리하고 이익을 좇는 풍습이 번지게 됩니다. 장 려하거나 징계하는 효과는 그림자와 메아리같이 빠른 것이니 어찌 두렵지 않겠습니까? 옛 사람이 이르기를, '죄를 다스릴 때 엄하지 않으면 차라리 다스리지 않음만 못하다'고 했고, 또 '이미 그 죄상 을 알면서도 용서하면 간악한 신하를 어찌 징계할 것인가' 했으니 꼭 염두에 두어야 할 말입니다. 조정이나 지방에 있는 부패한 관리 들은 전하께서 안보해의 형을 감경하라는 명을 내렸다는 말을 들 으면 춤을 추면서 서로 치하할 것이며, 다시 두려워하거나 거리낌도 없이 그 욕심을 더욱 부리게 되어 장차 다시 제어하지 못할 것입니다. 이는 물 흐르는 걸 막으려 하면서 그 근원을 막지 않고, 타오르는 불길을 잡으려 하면서 됫박에 담은 물로 끄고자 하는 것과 무엇이 다르겠습니까? 신들이 감히 왕의 위엄 앞에 두려워하면서도 여러 차례 청하는 까닭은 오직 관리들이 탐욕스럽고 비루한 습속을 버리고 청렴하고 정직한 풍조에 이르도록 바라는 마음이 있기 때문입니다. 세 번 다시 생각하고 대의로 결단하여 신들의 안대로 시행하기를 원합니다."

왕이 허락하지 않았다. 그러자 후에 사헌부에서 말했다.

"안보해의 죄는 법에 따라 목을 베는 것이 마땅합니다. 그러나 지금 특히 용서하니 상소장 끝에 감형한 뜻을 손수 적어 주어 여러 사람에게 보이길 청합니다."

이에 왕이 상소장 끝에 이렇게 썼다.

"벌써 죄에 따라 판결하고 유배했으니 모름지기 다시 논의하지 마시오."

1437년(세종 19) 11월 14일

수령이 너무 늙었다

사간원에서 글을 올렸다.

"수령은 백성과 늘 접해 있으므로 그 임무가 막중합니다. 주의 목사牧使나 부의 윤尹은 관할 내의 군현을 통괄하는 벼슬로서 사무가 번잡하여 국가에서도 늘 그 선택을 중하게 여겨 2품 이상을 뽑아서 보냅니다. 그러나 여기에 뽑히는 사람들이 대개 나이가 많아 부임하는 처음에는 마음을 단단히 가다듬고 백성을 다스려서, 모든 서류와 장부를 몸소 열람합니다. 하지만, 해가 여러 번 바뀌면서 기력이 차차 쇠퇴하여 눈이 어둡고 귀가 멀어지니 부역과 재판의 일을 향리에게 맡기고, 심한 자는 '앞 길이 이미 다했는데 내게 다시 무슨 낙이 있으리오' 생각하여 법을 범하다가 발각되어 패망하는 자도 있습니다. 그뿐만 아니라 어떤 경우에는 부임지에서 사망하여 관아에서 장례까지 치르는 폐해까지 끼치는 자도 있으니 이는 신들이 목격한 바이기도 합니다. 지금부터는 2품 이상이면 임기를 6년으로 하지 말고 단지 3년으로만 하소서. 수령은 부모 형제를 멀리하고 고생하면서 근무하다가 정상적으로 임기를 채우면 중앙부처의 관직을 받게 되는데, 얼마 되지 않아 도로 지방 근무를 명 받는 사람이 꽤 많습니다. 자원해서 지방 근무를 하려는 자들 중에서 늙은 어버이를 모시기 위한 것이라면 괜찮겠지만, 그렇지 않다면 탐심을 품고 재물이나 긁어모으려는 동기를 지닌 자들도 상당할 것입니다. 그렇다고 자원하지도 않는데 지방 근무를 명하면 지방과 중앙을 순환하여 근무하면서 골고루 수고하라는 제도의 원래 정신에 맞지 않습니다. 지금부터는 경관을 다시 지방에 내려보낼 때는 어버이 때문에 자원하는 것이 아니면 너무 빨리 지방 근무에 제수하지 마소서."

1438년(세종 20) 11월 23일

조선시대의 수령은 관찰사 예하의 부윤府尹, 대도호부사大都護府使, 목사牧使, 도호부사都護府使, 군수郡守, 현령縣令, 현감縣監을 아우르는 말이다. 실질적인 중앙집권체제를 완비하지 못한 고려의 뒤를 이어 건국된 조선은 초기부터 8도제를 실시하고 중앙에서 파견되는 외관인 수령이 군현을 다스리는 군현제를 확립함으로써 중앙집권체제를 확립하는 데 주력했다. 따라서 수령은 실질적으로 지방행정과 군사를 담당하는 존재로서 고을을 다스리는 목민관이자 왕권의 대행자였다.

효율적인 지방통치를 위해서는 수령의 권한을 강화하는 것이 필요했는데, 이에 조선은 건국 초기부터 수령의 직급을 참상관인 6품 이상으로 높이고 부민고소금지법部民告訴禁止法을 제정하여 수령에게 비행이 있더라도 아랫 사람이나 백성들이 고소할 수 없도록 하는 등 수령권 강화를 위한 조치를 취했다. 그 결과 권한이 막강해진 수령들은 종종 사리사욕을 위해 백성들을 괴롭히고 권한을 남용하는 폐단이 나타나기도 했다. 이를 막기 위해 백성들의 재물을 부당하게 긁어모으거나 공물을 횡령하는 죄를 장물죄로 취급하여 엄하게 처벌하고 그 후손까지 관직 등용에 제한을 두고 사면 대상에서 제외하기도 했다.

장물죄는 직무 관련성을 요건으로 하는 지금의 뇌물죄보다 포괄적인 개념으로 형성 과정이 정당하지 않은 치부 재산은 장물로 간주되었다. 공직자들에게 매우 엄격한 잣대가 요구되었던 것이다.

고려시대부터 조선의 세종 대에 이르기까지 수령의 직임은 3년을 기준으로 했다. 3년 임기제는 업적 평가와 연관되어 해마다 1~2회씩 5~7항목에 걸쳐 수령의 치적을 평가하고, 이를 3년간 합산한 결과를 바탕으로 상·중·하 3등급으로 나눠 퇴출, 승진, 전보의 기준으로 삼았다. 이 제도는 원나라이 행정제도였던 것을 고려에서 도입하고, 조선에서 태종과 세종을 거치면서 평가항목을 7개로 늘렸다. 그런데 세종 대에 들어서면서 3년의 수령 임기를 6년으로 늘이는 정책을 수립하게 된다.

수령에 관한 평가는 관찰사가 담당하는데, 관할 지역을 순회하면서 수령의 실적을 평가하여 매년 6월과 12월에 보고해야 했다. 관찰사는 고려의 안찰사의 후신으로 볼 수 있으나, 후자가 6개월의 임기로 4~5품 의 경관이 각 지역을 순찰하는 임시직이라면, 전자는 종2품 이상의 고 관으로 임명되어 도내의 민정, 군정, 사법의 전권을 행사하는 전임관이 었다. 그런데 관찰사가 매년 두 번 관할 수령들의 활동을 평가하기 위해 서는 지역을 순행해야 하고, 이는 만만치 않은 시간과 노력이 필요했다. 더구나 관찰사의 임기가 1년이었기 때문에 수령에 대한 평가도 제대로 되기 힘들었고, 원래의 기능에도 충실하지 못했던 것으로 보인다. '평 안감사도 제 하기 싫으면 그만'이라는 말이 괜히 나온 것이 아님을 짐작 하게 한다.

백성들로서는 고을 수령은 항상 핍박자요, 《춘향전》에 나오는 변학 도의 이미지로 그려져 있으나, 몇 가지 사례들을 보면 수령들을 항상 '착한 민중'에 대한 '악한 지배자'만은 아니었음을 알 수 있다. 영악한 백성들은 오히려 수령들의 머리 위에 있기도 했다. 조선의 수령들은 나 름으로 후손들에게 할 말이 많이 있을 것 같다.

제8장

조선의 효

불효자를 파직하다

사간원에서 글을 올렸다.

"옛날부터 제 부모에게 야박하게 굴면서 왕에게 후한 자는 없었습니다. 지금 군수품 출납을 담당하는 관원 최재전崔在田의 아비가 일찍이 훔친 구리 불상을 녹여 그릇을 만들었다가 잡혀 옥에 갇히게 되었습니다. 그때 최재전이 아버지라 부르기 부끄럽다고 옥문에 걸터앉아 제 아비를 가리켜 '이 자는 무슨 죄인인가?' 했습니다. 또 그 어미가 날품팔이에게 재가하여 생활이 어렵게 되자 남의 물을 길어다주고 방아를 찧어주는 일을 하니 어미라 하기 부끄럽다고 일찍이 효양孝養하지 않고, 먼 길을 갈 때 인사도 하지 않았습니다. 이는 아비도, 어미도 없는 것이어서 금수와 다를 바 없으니 사람들이 모두 더럽게 여깁니다. 이런 자에게서는 왕에 대한 충성과 나라에 대한 헌신을 절대로 바랄 수 없습니다. 지금 왜에 사신으로 갔다 돌아와 특별히 전하의 은혜를 입어 영광스럽게 큰 벼슬을 얻었지만, 이런 자에게 약간의 공로가 있다면 돈이나 비단으로 상을 주면 족합니다. 아비도 없고, 왕도 없는 사람을 3품의 벼슬을 주어 조정에 들게 하는 것은 '벼슬은 악한 성품을 가진 자에게 돌아가서는 안 된다'는 가르침에 어긋납니다. 최재전의 직첩을 거두고 조정의 반열에 참여하지 못하게 하여 선비의 기풍을 맑게 하소서."

왕이 그대로 따랐다.

1408년(태종 8) 11월 25일

관직을 받더라도 3년상은 치러야 한다

좌사간 유맹문柳孟聞 등이 글을 올렸다.

"부모의 상을 당해 애도하는 기간은 3년이 일반적인 법도로 자식이라면 마음을 다해 스스로 해야 할 것입니다. 그런데 최자달崔自達이란 자가 작년 봄에 요행히 무사 선발시험에 합격했는데, 그해 5월에 그 아비 최득비의 초상을 당했다가 10월에 병조에서 오위에 속한 종7품 무관직에 임명되니 스스로 상복을 벗고 천연덕스럽게 임명장을 받았습니다. 100일 만에 상복을 벗어도 되는 자는 원래 군인의 신분으로 병적에 기재되어 있는 자를 말하는데, 최자달은 무사 선발시험에 합격할 때 군인이 아니었습니다. 그렇다면 임명을 받더라도 마땅히 부친상을 당했다는 사실을 보고하고 상례에 관한 법을 다 지켜야 할 터인데, 이를 생각지 않고 뻔뻔스럽게 부끄러움도 없이 스스로 상복을 벗고 벼슬길에 나서기만을 탐했으

《삼강행실도》 중 〈문충정찰文忠定省**〉**

고려시대 문충은 아침이면 부모에게 문안하고 저녁이면 부모의 잠자리를 돌보는 일을
게을리 하지 않아 효자라 불렸다.

니 어버이를 잊고 녹봉만을 구하는 태도를 어찌 꾸짖지 않을 수 있 겠습니까? 옛 가르침에 '어버이를 효로써 섬길 줄 알아야 그 충성 이 왕에게 올 수 있다'고 했고, 또한 '충신은 효자 가문에서 구할 것'이라는 말도 있습니다. 그렇다면 최자달이 제멋대로 상복을 벗 어버린 행위는 그 아비에 대한 불효일 뿐 아니라 실로 사회의 아름 다운 기풍에도 누가 됩니다. 전하께서는 빨리 관직을 거두고 사법 당국에 명해 율대로 죄를 주고 상제를 마치도록 하여 인륜을 두텁 게 하고 선비의 기풍을 닦게 하소서."

왕이 허락하지 않았다.

1429년(세종 11) 1월 8일

효성으로 벼슬을 얻다

예문봉교 최자연崔自淵, 성균박사 최맹하崔孟河, 교서랑 조어趙唔 등이 글을 올렸다.

"왕과 부친에게 행하는 의는 하나이니 충효의 도는 서로 다르지 않습니다. 그런 까닭에 옛말에 어버이에 대한 효가 있어야 왕에게 그 충성이 옮아간다고 하고, 충신은 효자의 집안에서 찾는다고 했습니다. 봉상직장奉常直長 겸 성균박사成均博士 엄간嚴幹은 경상도 상주 사람으로 어릴 때부터 어버이를 섬기는 틈틈이 배우기를 게을리하지 않아 1414년에 과거에 급제하고, 1420년에 봉상부록사奉常副錄事 겸 성균학록成均學錄의 벼슬을 받았습니다. 곧 자기 직무에 정성껏 부지런히 하여 효도를 충성으로 옮기던 때였으나 양친이 모두 늙어 멀리 남쪽에 있어 오랫동안 봉양하지 못한 것을 근심하고 어버이 섬길 날이 짧은 것을 애석하게 여겨 집으로 돌아가길 청했습니다. 그리고 시골에 내려가 부모 곁을 떠나지 않고 봉양하면서 친히 맛좋은 음식을 대접하고 섬기기를 극진히 하다가 잇따라 상喪을 당하니 6년 동안이나 산소 곁에 여막廬幕을 치고 짚자리에서 잠을 자며 죽을 먹고, 불교 의식 대신 한결같이 유교의 가례家禮를 따랐습니다. 무릇 자식으로서 누구인들 어버이를 봉양하지 않겠습니까? 엄간이 어버이를 봉양할 때 지방 사람들과 친척들이 효자라고 칭찬했으며, 시묘살이를 할 적에 보고 듣는 모든 사람들이 감복한 것은 그 효성의 지극함을 남들이 따를 수 없었기 때문입니다. 이에 판목사 조치曹致가 그의 효행을 아름답게 여겨 감사에게 보고하여 그 효행을 표창했습니다. 그런데 그가 상복을 벗은 뒤에 원래의 직위를 제수받았으나 관리의 승진과 전보는 일정한 재직 연수가 있어 함부로 뛰어넘을 수 없다는 제도에 따라 과거에 급제한 지 16년이 되었지만 다른 벼슬로 옮겨가지 못하고, 나이 거의 오십이 되어 수염은 이미 희어졌습니다. 신들로서는 이를 보고만 있기 어렵습니다. 엄간의 효행이 지극한데 이제 작은 벼슬아치로 늙어가도록 내버려두면 어찌 효도를 권장하는 일에 어긋난다고 하지 않을 수 있겠습니까? 전하께서는 엄간에 대해서만은 차례를 초월하여 등용하여 효의 풍속을 장려하소서."

이에 왕이 이조에 내려보내 처리하도록 했다.

1429년(세종 11) 9월 24일

벼슬보다 시묘살이를 택하다

전 봉상시윤奉常寺尹 이변李邊이 글을 올렸다.

"몇 해 전에 부친 상복을 입은 지 아홉 달 만에 전하께서 특별히 관직을 제수하여 슬픔을 무릅쓰고 부임했으나 자식의 도리는 다 못했습니다. 그 아픈 마음이 있는 터에 작년 8월에 모친께서 또 세상을 떠나셨습니다. 신이 산소 곁에 초막을 하나 짓고 시묘살이를 하면서 다함 없는 슬픔을 조금이나마 달래보려 했으나 겨우 일곱 달이 지났습니다. 전하께서 특별한 은총으로 경호 부대의 일을 주니 황공하여 어찌할 바를 모르겠으며, 나아갈 수도 물러갈 수도 없는 처지가 되었습니다. 이미 신이 부친의 시묘살이 기간을 중도에서 그만두게 된 마당에, 지금 다시 관직을 받아 나가면 양친의 상례를 제대로 마치지 못하게 되는 셈이니 어찌 부끄러운 얼굴로 조정에 서서 충효를 바탕으로 하는 정치의 근본에 누를 끼치겠습니까? 신의 관직은 저 외에 누가 맡아도 잘 해낼 수 있는 직책입니다. 왕께서 내리신 벼슬을 거두어 신에게 기한이 되어 상복을 벗을 수 있도록 해주소서."

왕이 허락하지 않았다.

1436년(세종 18) 3월 21일

부친상 중에 기생과 간통하다

사헌부에서 글을 올렸다.

"옛말에 이르기를 '집안의 효도가 왕에 대한 충성으로 옮겨간다' 하고, '죄 중에서 불효보다 큰 죄는 없다'고 했습니다. 사람으로서 불효하면 하늘과 땅이 용납하지 않는 것이요, 왕법이 용서하지 않습니다. 종3품의 무관 벼슬에 있는 김하 金何가 글을 읽고 과거에 올라 좋은 벼슬을 오랫동안 했으니 인륜의 도리와 부자간의 은혜에 대해 무지할 리 없습니다. 그런데 이제 김호가 부친상을 당했는데, 슬픔을 잊고 정욕에 빠져 창기 옥루아 玉樓兒를 사랑하여 뻔뻔스럽게 잠자리를 같이하고 자식을 낳기까지 했으니, 그 행실이 짐승과 무엇이 다릅니까? 이 사실은 이웃과 동리가 함께 본 것이요, 선비들이 모두 알고 있습니다. 무릇 남의 자식이 된 자로서 이를 갈지 않는 사람이 없습니다. 윤리를 무너뜨리고 풍속을 어지럽힌 것이 이보다 심할 수 없으니 이 거룩한 치세 중에 어떻게 이런 소인이 있으리라 상상이나 했겠습니까? 전하께서는 '기생은 정한 남편이 없다'고 하면서 특별히 불문에 부치고 용서했으나, 그 정한 남편이 없으므로 김하가 옥루아를 품은 행위 자체는 문제가 되지 않을 수도 있습니다. 그러나 그러한 행위를 한 시기가 바로 부친의 상을 맞은 때였으니 이 죄는 개인뿐만 아니라 효도로서 정치의 바탕을 삼는 왕법에 따라 용서될 수 없습니다. 이렇게 백행百行의 근본을 잃을 자가 성상께 충성을 바치겠습니까? 또 사람이 지켜야 할 도리는 만세까지 이어져야 하는 것이므로 전하께서 사사로이 할 수 없는 것입니다. 어찌 한 사람을 아껴 만대로 이어질 큰 도리를 무너뜨리려 하십니까? 김하의 불효한 죄를 법에 따라 처벌하여 인륜을 바로 세우고 선비의 절개를 장려하소서."

왕이 허락하지 않았다.

1439년(세종 21) 9월 11일

손가락까지 끓어야 효는 아니다

의정부에서 글을 올렸다.

"효성스러운 자손들을 상주는 것은 법(원전元典)에 실려 있어 매번 교지를 내려 중앙과 지방에 탐문하고, 찾아낸 이들을 상대로 기념문을 세워주거나 벼슬을 주기도 합니다. 그 과정에서 손가락을 끊어 병을 고친 것과 같이 그 사실이 알기 쉬운 것은 즉시 보고가 올라오나 분명하게 바로 드러나지 않는 것은 가끔씩 누락되기도 합니다. 손가락을 끊는 일은 지나친 일이니, 반드시 이렇게 한 뒤라야 효가 되는 것은 아닙니다. 효성스런 마음이 순수하고 지극하여 어버이의 뜻을 순종하여 어버이를 즐겁게 해드리고, 남들이 뒤에서 수근대지 않아 사람됨이 특히 뛰어난 자에게는 더욱 상을 주는 것이 마땅합니다. 따라서 이제부터는 전국에 명을 내려 효자와 효부 천거에 적극적으로 나서게 하여 풍속을 장려하되, 효행이 있

《삼강행실도》 중 〈이보할지 李甫割指〉

이보는 꿈에 구름을 타고 나타난 스님의 계시를 듣고 자신의 손가락을 잘라 아버지께
드려 병을 낫게 했다. 병자 곁에 한 남자가 졸고 있고, 마당에 다른 남자가 무엇을 그릇
에 흘리고 있다. 이 둘은 같은 인물로 이보가 꿈꾸는 장면을 묘사한 것이다.

음에도 사람을 천거하지 않거나, 효행이 없음에도 거짓으로 천거하는 경우에는 천거한 자나 관리를 조사하여 죄를 물으소서."

왕이 그대로 따랐다.

1441년(세종 23) 10월 22일

조선의 통치이념인 유교의 핵심에는 효가 자리잡고 있었다. '효孝' 자를 살펴보면 자식子이 노인老을 업고 있는 모양인데, 유교적 의미에서 효는 좁은 의미와 넓은 의미로 나눌 수 있다. 전자는 부모가 물려준 몸을 소중히 지키며 생전에 부모의 뜻을 잘 섬겨 기쁘게 해드리고 상제喪祭를 통해 사후에까지 이어지는 것이고, 후자는 부모를 섬기는데서 출발한 효가 형제와 윗어른에 대한 제弟, 국가를 위해 헌신하는 충忠으로 확장된 것까지 말한다.

공자는 효의 본질적인 의미를 크게 세 가지로 설명한다. 첫째는 공경恭敬으로써 여기에는 봉양하는 일뿐만 아니라 공경하는 마음을 강조한다. 둘째는 부모의 마음을 상하지 않도록, 특히 걱정을 끼치지 않도록 해야 한다고 한다. 자기의 몸과 마음을 건강하게 지키는 것이 효의 시작이라는 말이 그것이다. 셋째로 효의 개념을 사후로 확장하여 돌아가셨을 때도 예로써 모셔야 한다고 역설한다. 부모의 상을 당해 3년상을 치르는 이유는 자식은 태어난 지 3년이 되어야 부모의 품안을 물러나게 되므로 이 기간 동안이나마 그 은혜를 잊지 않도록 한다는 뜻이다.

그러나 조선 초기 《경제육전經濟六典》은 국가에 관계되는 요긴한 사무에서 반드시 기복起復해야 할 합당한 자는 예외적으로 탈정기복奪情起復한다고 하여 3년상을 중도에 그만두고 조정으로 돌아와 맡은바 책임을 완수하도록 하는 규정을 두고 있었다. 세종시대 기복은 대체로 정승, 지의정부사, 예문제학 등 고위직과 체찰사, 절제사, 병마절제사 등 무관직에 대해 실시되었다. 그러나 때로는 역학과 역법 등에 뛰어나다는 이유로 기복 명령이 내려지기도 했다.

조선시대 관료의 덕목 중 가장 중요한 것이 '효'였으며, 상제는 이를 상징적으로 나타내는 것으로 그것을 준수하지 못한 관원들에게 불효를 탄핵하는 상소들이 많이 올라왔다. 효는 자기 부모뿐만 아니라 배우자의 부모에 대해서도 동일했다. 1404년 5월 18일의 기록에는 영광군수 박익문이 지방 근무 중 장모상을 당했지만 아내를 친정에 보내 상례를 치르게 하지 않은 죄를 물어 귀양 보낸 사실이 나온다.

효에 관한 공자의 사상을 유학사상의 중심으로 발전·확립시킨 사람은 맹자였다. 그는 효를 백행의 근본으로 보고, 이를 제왕의 도에까지 확대했다. 효와 정치의 연관을 보여주는 내용은 《효경孝經》을 위시하여 여러 경전에 나타난다. 《서경書經》에서는 공경하고 효도하며 신과 사람에게 공손하면 상제上帝가 이를 흠향하고 백성은 화합하여 세상이 다스려진다고 보았다. 특히 《효경》에서는 천자가 부모를 사랑하고 공경함의 도리를 다할 때 백성에게 도덕적 교화가 베풀어진다고 하여 군주가 효의 모범을 보일 것을 요구하고 있다.

조선시대 사대부들에게 효가 강조되고, 불효가 파면사유가 되거나 반대로 효행으로 관직을 얻게 되는 것도 이런 맥락에서 이해될 수 있다. 사대부의 노블레스 오블리주noblesse oblige 중 하나가 바로 효도였던 것이다. 조선시대에 있었던 두 번의 반정으로 폐위된 연산군이나 광해군은 효의 원리를 깨뜨렸다는 점은 시사하는 바가 크다.

제 9 장

조선의 부부관

노처녀는 나랏돈으로라도
시집보내야 한다

전 첨서승추부사 이정견이 상소를 올렸다.

"홀아비, 과부, 고아, 의지할 데 없는 홑몸은 천하의 궁핍한 백성입니다. 이제부터 나라에서 널리 백성들에게 은혜를 베풀 일이 있으면 이 사람들에게 제일 먼저 시행하도록 하소서. 그리고 혼기에 이른 처녀에게 부모 형제가 함께 죽는 일이 생긴다든지, 홍수나 화재나 도둑의 침입으로 인해 혼인에 필요한 최소한의 예물과 의복을 구하지 못해 혼사를 놓치고 탄식하며 한숨짓는 일이 있습니다. 이런 경우 관할 관청에서 결혼에 필요한 물건을 대주고 비용을 충당하여 혼인 시기를 잃지 않도록 한다면, 이 또한 전하의 어진 정책의 하나가 될 것입니다."

1404년(태종 4) 9월 19일

조강지처를 버려 파직되다

사헌부에서 글을 올렸다.

"이조좌랑 장진張晋이 김생려金生麗의 딸과 결혼하여 자녀를 낳고 20여 년을 살았으니, 아내가 병이 있다면 도리상 마땅히 약을 써서 구완해야 할 것입니다. 그런데 하물며 김씨가 지금 병에서 회복되었는데도 구차히 핑계를 대고 아내를 버리고 정3품 이상의 품계에 있는 정남진鄭南晋의 딸에게 다시 장가들었습니다. 특히 부부가 한평생 같이 살며 늙어가야 하는 도리에 맞지 않을 뿐만 아니라, 사람이 야박하기가 이보다 심할 수 없습니다."

왕이 명해 의금부에 내려 율에 따라 처분하게 했다.

1411년(태종 11) 윤12월 18일

처와 첩을 나누다

사헌부에서 글을 올렸다.

"부부는 인륜의 근본이니 본처와 첩의 분수를 어지럽히는 것은 불가합니다. 고려 왕조 말년에 예와 의가 무너지고, 부부간의 의리가 문란해지기 시작하여 높고 낮은 벼슬아치들이 오직 제 욕심만을 좇고 애욕에 빠져 있습니다. 처가 있는데도 또 처를 얻는 자도 있고, 첩으로써 처를 삼는 자도 있게 되어 오늘날 처첩이 서로 소송하는 실마리가 되었습니다. 세월이 오래되고 주변 사람들이 늙거나 죽어 증거를 찾아내기 부족하게 되자, 거짓으로 꾸미고 실정을 숨겨서 진위를 밝히기도 어렵습니다. 또 어디에 근거하여 판결을 내릴지도 모호하게 되어 원망이 잇달아 천지와 인심의 화목한 기운를 상해 재변災變을 초래하니 반드시 무슨 조치를 취해야만 합니다. 중국 명나라의 법에 처가 있는데 첩으로 처를 삼은 자는 장

《삼강행실도》 중 〈열부입강 烈婦入江〉

1380년 왜구가 경산에 침입하자 배씨가 정절을 지키려고 젖먹이 아들을 안고 강가로 도망쳤다. 배씨는 왜구의 화살을 맞아 죽으면서도 그들을 꾸짖었다.

90대를 치고 첩을 원래의 신분으로 되돌리고, 처를 다시 얻은 자 역시 장 90대를 치고 이혼시키도록 되어 있는데, 이 법을 우리도 시행할 만합니다. 그리고 처와 첩을 구분하는 기준에 관해 중매가 되어 양가에서 정식으로 혼담이 오고 간 적이 있는지, 혼인 예식을 치렀는지, 아니면 이러한 절차가 빠졌는지를 가지고 정하면 될 것입니다. 혹시 당사자들이 죽어서 증거가 불충분하여 다시 바로잡기 모호하거나, 중혼인데 나중에 장가든 처와 이혼하지 않는 경우에는 먼저 들어온 사람을 본처로 삼으소서. 그래서 남편의 뒤를 이어 농토를 이어받도록 한다면, 풍속에 교화가 생기고 처와 첩의 분수도 밝아질 것입니다."

왕이 그대로 따랐다.

1413년(태종 13) 3월 10일

남의 첩을 빼앗다

우사간 이반李蟠 등이 글을 올렸다.

"요즘 사헌부에서 의산군宜山君 남휘南暉의 비행을 들어 죄 주기를 몇 차례 말씀 올렸으나 전하의 허락이 없으니 왕의 미덕에 온전히 합당치 않습니다. 부부는 삼강三綱 중에 바탕이 되는 것으로서 남휘가 공주에게 장가들었으니 그 지위가 이미 남들 위에 우뚝하고 왕의 은총이 지극했습니다. 그렇다면 마땅히 삼가고 조심하여 높은 덕의 만분의 일이라도 보답해야 할 것인데, 이런 생각은 고사하고 일찍이 공주께서 살아계실 때에 벌써 남의 첩을 빼앗아 거두었습니다. 그것도 남편의 상을 당해 그 상례를 다 마치지 못해 아직도 상복을 입은 여인네를 말입니다. 그런데 이제 공주께서 세상을 떠나니 장사를 치른 지 1년도 못되어 슬픔을 잊지 못할 때인데도 조금도 근심하거나 슬퍼하는 마음이 없이 거칠고 음탕한 행동

을 마음대로 하다가 첩이 달아나니 그 뒤를 쫓아 황득룡黃得龍의
집에 가서 그를 구타하는 등 분풀이를 하면서 방자하게 굴었습니
다. 그 음욕을 함부로 나타내고 슬픔이라고는 눈꼽만치도 없는 행
동을 보면 평상시에도 그 첩에게 푹 빠져 공주를 얼마나 소박했는
지, 그리고 공주의 병이 위독한데도 근심하고 걱정하는 마음이 없
었음을 미루어 짐작할 수 있습니다. 이는 태종께서 베푸신 왕이자
아비의 덕을 우습게 여기고, 전하와 공주 간의 남매 사이의 정리도
생각지 않고 삼강의 근본을 파괴했음이 분명합니다. 그뿐만 아니
라 황득룡의 집은 현재 왕자께서 거처를 옮겨 요양하는 곳이니, 그
곳에서 난리를 피워 왕자께서 편안히 계시지 못하게 했으니 이것
이 어찌 왕실과의 인연을 중하게 여기며 전하를 공경하는 도리겠
습니까? 그 불경한 태도는 불가불 징계하지 않을 수 없으니 전하
께서는 사헌부에서 올린 바에 따라 남휘를 벌해 뒷사람을 경계하
고 신하의 간언을 들어주는 아름다운 덕을 드러내 주소서."

　왕이 허락하지 않았다.

1424년(세종 6) 8월 4일

여승을 환속시켜
시집을 보내다

북부령 김숙검金淑儉 등이 글을 올렸다.

"사람은 부부의 연을 맺어 살아야 가장 큰 자연의 이치에 합당한 것이므로, 각자 배우자가 있어야 사람의 도리를 이룬다고 하겠습니다. 그런데 비구니란 부모를 잃고 애통하여 머리를 자르기도 하고, 점궤를 보아 목숨이 짧다고 하여 시집가지 않고 머리를 깎아 여승이 된 자도 있습니다. 그 중에는 처음 출가했을 때와 달리 마음이 바뀌어 평생 지낼 일을 생각하자 후회가 되어 속세로 돌아오고자 하나 차마 그 말을 꺼내지 못하고 근심에 잠겨 있는 무리가 있습니다. 40세 이하의 여승은 모두 속세로 돌아오게 하여 부부의 도리를 이루게 하소서."

왕이 허락했다.

1425년(세종 7) 6월 23일

첩을 두어 제가에 실패하다

사간원에서 글을 올렸다.

"왕과 신하, 부모와 자식, 남편과 아내 사이에 마땅히 지켜야 할 기본적인 3가지 도리는 인륜의 큰 근본이요, 형벌은 국가의 중한 일이니 삼강이 무너지고 형벌이 알맞게 시행되지 않는 나라가 제대로 선 적이 없었습니다. 좌찬성 이맹균의 처 이씨는 대신의 정실부인이 되었으니 마땅히 몸을 정숙히 하고 근신하여 공경으로 남편을 섬기며 집안 식구들을 잘 보듬어주어야 합니다. 그런데 나이가 거의 칠십에 가까우면서도 질투하는 마음이 더욱 심해져 남편의 첩에게 여러 차례 가혹한 폭행과 상해를 일삼고 학대하다가 결국에는 움막 속에 가두어 굶겨 죽였으니 그 잔악함을 이루 말할 수 없습니다. 공경하고 순종하는 도리에 어긋났을 뿐더러 이것이 어찌 사람의 마음으로 할 짓이겠습니까? 이맹균이 유약하고 느슨하

여 집을 엄히 다스리지 못하고 부인에게 눌려 살면서 죄 없는 목숨
이 죽임을 당해도 능히 막지 못했으니 남편의 도리를 잃었습니다.
남편은 남편 노릇을 못하고 아내는 아내 노릇을 못했으니 강상綱常
(삼강三綱과 오상五常을 이르는 말로 사람이 지켜야 할 도리)은 무너진 것
입니다. 또한 시체가 발견되어 성 안 사람들이 놀라 수근거림에도
명색이 대신의 지위에 있으면서 사실을 알고도 즉시 관아에 고하
지 않았습니다. 사람들이 알고 고발하려 하자 그제야 마지못해 전
하께 아뢰었으나 그 또한 있는 대로 다 털어놓지 못하고 아내의 악
한 범행을 덮어줄 변명만을 했으니 가정을 제대로 다스리지 못한
죄도 죄려니와 왕을 기망한 죄 또한 큽니다. 성상께서 특별히 너그
럽게 보아 직첩만을 거두고 파면했으나 이것만으로 어찌 죄악을
응징하고 뒷사람을 경계하겠습니까? 이맹균을 엄히 징계하지 않
고서는 장차 악한 일을 일삼는 자들을 막을 수 없고, 삼강의 훼손을
금할 수 없습니다. 신들이 올린 의견에 따라 이맹균을 조치하소서."

왕이 말했다.

"의정부에서도 역시 그 죄를 물어 이미 그를 귀양 보냈소."

1440년(세종 22) 6월 19일

혼인 전에는
얼굴을 보지 마시오

사헌부에서 아뢰었다.

"효령대군이 아들을 위해 며느리를 고르면서, 최윤용崔允庸과 조서강趙瑞康의 딸을 제 집에다 함부로 데려다가 예쁘고 추함을 보았다고 하니 참람하고 무례한 일입니다. 처녀들 또한 얼굴을 예쁘게 단장하여 선보는 데에 나아갔다고 하니 이는 혼인을 바르게 시작하는 도리에 어긋납니다. 대군은 책임을 추궁하기 어렵겠지만, 두 집안의 책임을 물으소서."

이에 왕이 말했다.

"대군의 이번 일은 매우 예절에 어긋나지만 두 집안의 책임을 묻게 되면 대군을 사실상 처벌하는 것이고, 또 형평에도 맞지 않는 일이오."

대간과 간관들이 잇따라 글을 올렸다.

"신들이 효령대군 이보李補가 분수를 벗어나 예법을 범한 이유를 들어 법대로 처벌해주길 청했으나 전하의 허락을 얻지 못했습니다. 거듭 생각해도 옳고 그름의 바른 이치에 비추어 가만히 있어서는 안될 것 같아 다시 말씀을 드립니다. 사람이 지켜야 할 큰 윤리로는 5가지를 들 수 있고 또 3가지의 기강이 중요하니 이 중 하나라도 없어지면 사람 사는 도리가 문란해지는 것입니다. 지금 이보는 전하의 둘째 형님으로 그 명망이 무겁고 항렬이 높아서 종실을 대표할 사람이 되었으니, 진실로 예법을 따라 행하고 영화와 부귀를 보전해야 합니다. 그런데 스스로 귀하고 전하와의 우애만을 믿고서 법도에 어긋난 짓을 했으니 그 잘못을 3가지로 따질 수 있습니다. 우선 자식을 위해 배필을 선택하면서 궁중의 법도를 범해 감히 왕과 신하 사이의 분수를 지나친 것이 첫 번째입니다. 폐백을 받지 않으면 남녀간에 교제를 않는 법인데 남의 규중 처녀를 제 마음대로 데려와 남녀의 분별을 문란하게 하여 사람의 도리의 시초인 혼인 예절을 범한 것이 두 번째입니다. 상을 당해 상복喪服을 입은 자식에게서 이를 강제로 벗기고 신부복을 입게 하여 부모 자식 간의 은혜를 저버리게 함으로써 사람의 도리의 마지막인 상례를 범한 것이 세 번째입니다. 한 번 일을 벌여 3가지 예법을 범해 아름다운 교훈을 손상시켰으니 그 죄를 용서할 수 없습니다. 그런데도 신들이 탄핵하는 상소를 번갈아 올렸어도 전하의 뜻을 돌이키지 못했으니 매우 유감입니다. 궁정 안에서는 은혜로 의리를 감쌀 수

효령대군 이보

태종의 둘째 아들이며 어머니는 원경왕후元敬王后 민씨다. 충녕(세종)과 우애가 깊었고 그가 자기 집에 들르면 밤새도록 국사를 논의했다고 한다. (경기도 과천시 문원동 연주암 효령가 소장)

있겠지만, 왕과 신하의 관계를 놓고 보면 마땅히 의리가 은혜에 앞서야 되니 전하께서 어찌 한때의 사사로운 은혜를 베풂으로써 천하의 공의를 없애겠습니까? 만일 지금 너그럽게 용서 받은 것을 기화로 점점 타성에 젖어들어 허물을 고치지 않고 있다가 더욱 교만하고 방종하게 되면 후회한들 무슨 소용이 있겠습니까? 권력 있고 요직에 있는 자들이 장차 말하기를 '효령대군이 비록 귀한 신분이지만 신하는 신하인데 감히 이런 일을 했는데도 언관에 있는 자들이 무어라 말하지도 못하고, 왕도 처벌하지 않는다'고 하면서 슬그머니 본받아 분수에 넘치고 예법을 범하는 것을 가벼이 생각할 수 있습니다. 또 다른 사람들도 규중에 있는 자기 딸들을 예법에 따르지 않고 제 편한 대로 권력 있거나 신분 높은 자에게 선을 보이고 부끄럽게 여기지 않게 되면 지금부터 혼례가 문란해질 수 있으니 참으로 작은 일이 아닙니다. 전하께서는 종전의 굳은 마음을 돌이키고 신들이 전에 올린 상소문에 의거하여 종친을 관리하는 부서에 명해 이보의 죄를 다스리게 하고, 아울러 예의를 생각하지 않고 대군에게 아첨해 혼처를 어찌 해보려고 선을 보게 한 두 집안 또한 법으로 엄하게 다스려 인륜을 바로잡고 풍속을 바로 세우소서."

왕이 크게 노하여 상소문을 궁중에 놔둔 채 수양대군 이유_{李瑈}에게 대신 말을 전하도록 했다.

"비록 우리나라가 예의의 나라라고 하지만 인심이 각박하기 짝이 없다. 왕의 형제는 죄가 있으면 반드시 벌을 주려고 하여 조금도 용서하지 않으면서 왕자는 죄가 있어도 묻지 않으니 나는 매우 잘못된 것이라 여긴다. 예부터 제왕은 형제지간에는 비록 반역한 사람이 있더라도 반드시 덮어주고 죄를 묻지 않았는데, 지금 효령의 일은 고의로 범한 것이 아니고 잘못이다. 그런데도 대간이 여러 날 번갈아 글을 올려 효령이 분수를 넘었다니 혹은 권세에 가깝다 하면서 반드시 벌을 주자고 하는데 나는 형제간의 우애 문제에서는 경들의 말을 끝내 듣지 않을 것이다. 비록 공자나 맹자라도 반드시 나를 그르다고 여기지는 않을 것인데, 경들은 바득바득 청하니 사람들 마음이 어찌 그리도 비루한가."

그리고 바로 승정원에 말했다.

"대간이 만약 이 일로 와서 나를 보겠다고 하면 나한테 알리지도 마라."

1446년(세종 28) 2월 2일, 20일

우리가 흔히 생각하듯 조선은 남존여비 사상에 투철하여 여성의 존재감이 없었던 사회였을까? 고려시대에 오히려 여성들의 법적 지위가 높았다고 보는 사람들도 있지만, 일부다처제하에서는 여성들은 '첩' 아닌 '처'라는 지위에 만족했을지 모르지만 내용상으로는 오히려 비하되고 배우자와의 대등한 관계 설정이 어려웠다. 성리학을 신봉하는 조선 사대부들에게는 일부일처야말로 윤리적 단위인 가정에 가장 이상적인 제도였다. 이들에게 일부다처는 인륜을 멸하는 말기적 현상이었다. 유교적 관념에서 처는 결코 비하의 대상이 아니었다.

남자 쪽에서 혼인을 하려면 반드시 중간에 사람을 통해 혼인하고 싶다는 뜻을 전달하고 여자 측에서 허락하면 사람을 시켜 폐백을 갖다 바치는 날짜를 정해 전달하게 한다. 폐백은 '바친다'고 하는데, 여기에는 폐백을 받지 않을까봐 두려워하여 공경하는 뜻이 담겨 있다. 폐백을 바쳐서 신부를 모셔오는 법은 선비를 초빙하는 예법과 같은 의미로 음식과 천과 같은 선물을 가지고 상대방을 찾아보는 '납폐'는 이 예법의 실천이다. 폐백을 바치면 혼례가 이루어진 것으로 보고 여자 쪽에서는 다시 변경할 수 없다. 선조들이 혼인의 예법을 얼마나 존중히 여겼는지는 납폐에 들어가는 편지의 예를 통해서도 알 수 있다. 신랑 측에서 신부 측에 보내는 편지는 보통 이렇게 되어 있다.

"댁의 따님을 저의 집 자식 ○○에게 시집보내 주신다는 아름다운 말씀을 받들어 삼가 사자를 보내어 가서 납폐를 올리는 예식을 행하도록 하나이다. 귀한 댁 ○째 어린 처녀가 성품이 대단히 훌륭하고 덕이 넘치는 얼굴빛이 있어 중간에 일을 보는 사람이 있음을 기화로 감히 혼인 청원을 올렸지만 댁에서 저의 청을 선뜻 들어주시리라 생각이나 했겠습니까? 이제 귀한 명을 받게 되니 삼가 좋은 날을 택해 말씀을 올리면서 거기에 약간의 예물을 보내드립니다.”

이에 대해 신부 측에서는 보통 이런 내용의 답신을 보내준다.

“○○군에 사는 보잘것없는 ○○○가 삼가 아룁니다. 좋은 명을 받고 생각하건대 소생의 자식이 평소에 교훈이 별로 없고 배움이 짧아 댁의 자부(며느리) 노릇을 감당할지 대단히 두렵고 떨립니다. 이제 선조부터 내려오는 예식에 따라 중한 예물을 주시니 사양하고 싶어도 사양할 수 없어 감히 거듭 절하고 받습니다. 혼례 절차는 오직 말씀하시는 바에 따르겠습니다.”

이와 같이 혼인은 양가 사이의 엄숙한 의례에 따라 이루어진다. 그래서 《소학》에서는 처와 첩은 그 결합이 정식혼례, 즉 선비를 맞는 예법인 ‘빙聘’을 갖추었는지에 따라 구분했다. 따라서 자기가 나서서 혼인을 주도하는 일이 용납되지 않고 반드시 중매를 거쳐야 했다. 이런 절차가 생략되고 맺어진 남녀 관계는 첩이었고 법적 보호의 대상이 되지 못했다.

조선은 건국 초기 유교적 윤리관을 형성해가는 과정에서 일부일처의 원칙에 거스르는 관리에 대해 과감하게 징계하고 파면했다. 아내를 버린 자에 대한 유배 처분은 가장 가벼운 형태에 속하고, 대부분은 관직을 삭탈하고 서인으로 강등하는 중죄로 다스렸다. 일례로 1406년 12월 검절제사의 벼슬에 있었던 정복주가 처를 버린 뒤 다른 여자를 맞아 혼례를 올렸다가 관직을 박탈당하고 폐서인된 바 있다.

이런 처벌 사례는 3품 이상의 고급 관직으로 올라갈수록 빈번하게 나타난다. 1410년을 전후하여 처를 버린 관인은 이미 관인으로 존재할 수 없는 패륜자로 간주되었다. 이런 자는 사헌부와 같은 청직에 임명될 수도 없었다. 관인의 기처축첩棄妻蓄妾(처를 버리고 첩을 들이다)을 풍속 훼란의 중죄로 다스림으로써 조선은 건강한 사회질서의 바탕을 세워감 수 있었던 것이다.

그런데 부인들 사이에서 자신의 지위가 처인지, 첩인지를 놓고 상당한 소송들이 벌어졌다. 이런 처첩 소송의 동기는 과전체수科田遞受와 노비분급에 있었다. 과전이란 원래 관인에게만 지급되는 것인데 만일 해당 관리가 사망할 경우 이 과전은 독립적으로 생계가 불가능한 자녀들이나 재가하지 않는 처에게 상속되도록 했는데, 정처가 아닌 첩이나 후처의 경우에는 상속이 허용되지 않았으므로 당사자들 사이에 다툼이 생겼던 것이다. 이런 쟁송이 잇따르자 사간원에서는 우선 중매를 통해 정식으로 '빙'을 갖추었는지를 그리고 이마저 알 수 없으면 먼저 혼인한 쪽을 정처로 인정하는 기준을 세웠다.

제10장

조선의 민간신앙

분에 넘치는 장례식

예조에서 글을 올렸다.

"공자가 말하기를 '장례의식은 집안이 넉넉하면 넉넉하게, 넉넉하지 못하면 그에 맞게 하라'고 했고, 맹자는 말하기를 '알맞지 못하면 기쁨이 될 수 없다'고 했습니다. 그러면 재물이 있는 자도 분수를 넘을 수 없고, 재물이 없는 자 또한 억지로 해서는 안 되며 오직 그 슬퍼하는 마음을 극진하게 표시하는 데 있을 뿐입니다. 그러니 분수를 범하고 망령되게 해서 한갓 보기에만 아름답게 하겠습니까? 지금 사대부나 일반 서민들이 장례를 치를 때 재물이 있는 자는 온갖 사치와 허례를 하여 보기에 그럴듯한 것을 구하고, 재물이 없는 자도 유행하는 풍속을 좇아 빌리고 꾸어서 분에 넘치는 장례를 치릅니다. 이는 유가의 깊은 교훈에 따르는 것도 아니고 불가의 맑고 깨끗한 도도 아닙니다. 이제부터는 부모 유골을 절에다 모시고 번잡하게 의식을 행하는 일을 금지시키고, 망인의 유해를 쉬게 하는 노제路祭에 온갖 번거로운 의식과 사치스러운 음식을 베풀지 못하게 하며, 다만 정성을 담은 흰떡과 과일상만을 차려 망인에게 예를 표하고, 이를 어기는 자는 사헌부에서 조사하여 벌을 주도록 하소서."

왕이 이를 의정부에 내려 의논하게 했고, 의정부에서는 '예조에서 아뢴 것이 합당하다'는 결론을 내려 시행하도록 했다.

1405년(태종 5) 8월 22일

승려들은 앉아서 먹기만 한다

집현전 제학提學 윤회尹淮 등이 글을 올렸다.

"불씨佛氏가 해롭다는 것은 더 말할 것이 없습니다. 무릇 금수가 곡식을 해치면 반드시 몰아내어 멀리 쫓는 것은 백성들을 해롭게 하기 때문입니다. 그러나 금수는 곡식을 축내지만 한편으로는 사람이 부려먹거나 잡아먹기라도 하지만, 승려들은 앉아서 먹기만 하고 도움되는 일은 없습니다. 하물며 이제 수재와 한재로 흉년이 들어 창고가 텅텅 비니, 백성들의 생계가 막막하고 삶이 피폐해졌습니다. 이 무리들은 풍년이나 흉년이나 똑같이 먹습니다. 여태 백성들의 굶주림은 볼 수 있으나, 승려들의 굶주림은 보지 못했으며, 백성들이 굶다가 죽는 것은 보았어도, 승려들이 굶주려 죽는 것은 보지 못했습니다. 날마다 방자하게 속이고 꾀어서 가만히 백성들의 고혈만 녹이니, 참으로 가슴 아픈 일입니다. 지금 가묘家廟의 법이 이미 설정되었으니 저절로 사람들 사이에 퍼져 잘 따르게 될 것입니다. 그러나 '가례家禮'라는 글은 사대부 사이에도 초상을 당해 급하고 수선스러울 때에 비록 상례를 집전하는 자라도 정신이 없어 예법에 따르기보다는 관행에 젖어 행동할 터인데, 하물며 무지한 백성들이야 말할 나위가 있겠습니까? 인정은 옛것을 따르는 편이 쉽고 새로운 것을 하길 꺼려 기일에 드리는 제사에 추모만 하면 될 것을 다시 죽은 자의 명복을 비는 구습이 남아 있고, 탄일에 복을 빌려고 부처에게 아첨하는 풍속이 끊어지지 않았습니다. 이런 풍속이 경사대부의 집에서도 만연합니다. 그러니 가례가 좋기는 하다고 하면서도 남들이 볼 때 괜히 '남과 다른 짓을 한다'는 소리를 들을까봐, 혹은 나를 일컬어 '재물을 너무 아낀다' 할까봐 절에 분주히 다니면서 부처에게 재를 올리고 승려에게 밥 먹이며 친구들을 불러 모아 다투어 사치하고 화려하고 멋만 내는 것을 일삼아 낭비가 적지 않습니다. 그리하여 부자라도 재산을 날리고 가난한 자는 빚을 지게 되어 사십구재를 지낼 쯤이면 장사 지낼 여력도 없어지고, 장례를 겨우 끝내면 채권자들이 득달같이 와서 재촉하므로 집과 밭을 담보로 잡히거나 처분하여 빚을 갚게 되니 백성들이 살아갈 길이 막막해집니다. 이는 전하께서도 미처 알지 못할 것이라 생각되는데, 신 등은 마음이 아픕니다. 성盛하면 반드시 쇠하는 법이요, 선善하면 복을 부르고, 음淫하면 화가 오는 것은 하늘이 정한 큰 도리입니다. 옛 성인들은 공덕을 쌓아 세상을 다스림으로 그 복이 후대에까지 미쳤으나, 무엇을 따로 숭배하지 않았거늘, 저 부

〈집현전 학사도〉

세종은 1420년에 집현전의 기구를 확장하여 최항崔恒, 박팽년朴彭年, 신숙주申叔舟 등에게 서적 편찬과 제도 연구에 열중하게 했다. (세종대왕기념사업회 소장)

처는 어떤 사람이기에 요망하고 허망한 말로 사람을 복준다 하여 천하 사람을 분주하게 하니 그 죄가 지극합니다. 전하께서 경내에 있는 승려들은 속가俗家(승려가 되기 전에 태어난 집)로 돌아가게 하고, 예조에 명해 《주자가례朱子家禮》에 의하여 선비와 백성의 상제에 관한 예를 정해 분수에 맞게 하고, 복장과 제사 용기도 적당하게 하여 그림으로 간단명료하게 보여주면 우매한 백성들이 쉽게 알아듣고 행할 수 있을 것입니다. 또 이렇게 하면 지난날 놀고 앉아서 먹던 무리들이 호미를 들고 밭이랑에 나가는 백성이 될 것이며, 부처를 섬겨 앞날에 복을 빌던 무리들은 지금은 근본에 보답하고 먼 조상을 추모하는 사람으로 변하여 나라에는 다른 풍속이 없게 되고 인심이 바르게 되어 세상의 도리가 순화될 것입니다."

왕이 즐거이 받아들이면서 윤회 등에게 말했다.

"경 등의 상소가 실로 이치에 합당하오. 다만 불가의 법이 그 유래가 오래되어 한꺼번에 개혁하기는 어려울 것이오. 경 등은 매일같이 내 좌우에 있어 다른 신하들에 비할 바 아니니 지금 세상 돌아가는 풍속의 잘잘못을 가감없이 그대로 직언하여 내 기대에 부응하도록 하시오."

1424년(세종 6) 3월 8일

무당에게 베를 바치다

우사간 박안신朴安臣 등이 글을 올렸다.

"신세포神稅布는 강원도와 함경도에만 있는 공납입니다. 처음에
는 무당들이 어리석은 백성들을 속여 허무맹랑한 소리로 태백산의
신에게 폐백을 드린다며 제사할 때 한 자나 되는 베를 거둬들였습
니다. 관할 지방 수령들이 무당들이 거두는 베가 적잖음을 보고 이
를 취하고, 나중에 감사와 수령들이 이를 일정한 공물처럼 여겨 관
행처럼 태연하게 징수합니다. 백성들은 제사 지낼 때마다 무당에
게 내는 것은 그대로 내고, 관에 바쳐야 할 몫까지 이중으로 준비
하니 그 부담이 실로 크고 다른 지방과 비교해도 형평에 맞지 않습
니다. 백성들이 산천에 함부로 제사를 지내면서 베를 폐백으로 사
용하는 것도 예에 어긋나는 일인데, 지금의 징수 행위는 선왕께서
공물을 일정한 양만 받두록 정해주신 법에두 어긋납니다. 백성들

에게 베를 사용하여 신을 섬기는 습속을 금하고, 그 베를 징수하지
말도록 하소서."

1426년(세종 8) 4월 12일

귀신에게 아첨하다

사간원에서 글을 올렸다.

"귀신의 도道는 착한 일을 하면 백 가지 상서로운 일로 복주고, 나쁜 짓을 하면 백 가지 재앙을 내리는 데 있습니다. 그렇다면 복과 화는 모두 착한 일을 하거나 악한 일을 하는 데 달려 있는데, 이를 놔두고 귀신에게 아첨만 한다고 하여 복이 내리는 이치가 있을 수 있겠습니까? 하물며 받을 만한 귀신도 아닌데 제사를 지내줘서야 무슨 소용이 있겠습니까? 우리나라는 예禮와 악樂을 제정하고 문물文物을 모두 갖추어 제사법에서도 고금의 일을 두루 살펴 아름다운 법을 만들어 도에 어긋나는 제사를 금하고 있습니다. 그러나 백성들이 구습에 오래 젖어서 귀신을 숭상하는 풍조가 오히려 없어지지 않고, 무당과 박수의 요망하고 허탄한 말에 꾐을 당해 넘어가는 일이 많습니다. 그리하여 생사화복이 모두 귀신의 소치라 하고, 음사淫祀를 숭상해서 집에서나 들에서 하지 않는 곳이 없으며, 노래하고 춤추면서 하지 못하는 일이 없어 예에 지나치고 분수를 어기고 있습니다. 깊은 산과 냇가, 고을 주변 길가에 사람마다 모두 제사 지내며 떼지어 술 마시고 돈을 허비하여 가산을 탕진하고 집을 결단내고, 그러다 한두 번 홍수나 가뭄을 만나면 끼니도 거르게 됩니다. 실로 걱정스러운 유행입니다. 이는 비단 백성들에게만 해당되는 일이 아닙니다. 조정의 고관대작들의 집에서도 이런 일들을 대수롭지 않게 여기고 온갖 귀신에게 아첨을 부끄럼없이 하고 있습니다. 심지어 제 집안의 조상을 무당 집에서 불러내어 먹게 한다니 조상신이 만일 안다면 어찌 먹기를 즐겨하겠습니까? 이는 단지 귀신의 이치에 어두울 뿐만 아니라 또한 집을 바르게 다스리는 도리를 잃는 것입니다. 이 모든 원인을 가만히 살펴보면 국무당國巫堂(나라에서 굿을 하는 사당)을 세우고, 명산에 무당을 보내 제사 지내도록 하는 데 있습니다. 사람들마다 나라에서도 이렇게 한다는 구실을 삼아 제 마음대로 귀신에게 아첨하는 것을 부끄럽지 않고 여기고 그 폐단을 시정할 생각을 하지 않으니 실로 이 태평성대의 정치에 흠이 됩니다. 산천山川과 성황城隍에 각각 그 제사가 있는 마당에 또 악귀惡鬼의 제사를 제멋대로 베풀어 제사에 관한 법에 넣어두면 장차 나오지 않을 귀신이 없을 것입니다. 지금도 신들은 국무당에서 무당과 박수가 어느 귀신에게 제사 지내는지 알지 못해 유감으로 생각합니다. 예부터 위에서 좋아하게 되면 아래에서는 그보다 심하게 된다고 했으니, 위에서 귀신을 섬기는 데 아래에서 본받지 않을 리 없습니다. 특별히 명을 내려 국무당을 금하고 하늘에 은혜를 빌 일이 있을 때는 조정의 신하들을 보내 예법대로 제사를 지내게 하여 무당과 박수들의 요망함과 허탄함을 막고 백성들이 보고 듣는 바를 새롭게 하소서."

1426년(세종 8) 11월 7일

귀신 핑계 대고 놀아나다

대사헌 신개申槪 등이 글을 올렸다.

"우리나라의 법에는 양반의 부녀는 부모, 친형제, 자매, 큰 아버지와 삼촌, 고모, 친 외삼촌과 이모 외에는 가 보기를 허락하지 않고, 어기는 자에게는 행실을 어지럽힌 책임을 묻는다고 되어 있습니다. 그런데 지금 사대부의 아내들이 귀신에게 아첨하느라 산과 들의 어둡고 문란한 귀신을 제사하는 일이 없는 날이 없고, 그 중에서도 특히 송악산과 감악산에 섬기기를 더욱 지극하게 합니다. 매년 봄과 가을에 친히 가서 제사하여 술과 반찬을 무성하게 베풀며, 귀신을 즐겁게 한답시고 풍악을 치고 실컷 놉니다. 이렇게 밤을 새고 돌아오면서 길 위에서도 자랑하고 떠벌리는데, 광대와 무당이 앞에 서고 뒤에 서서 난잡하게 풍악을 베풀어 방자한 놀이를 해도 그 남편이 금하지 않고 거리낌 없이 같이 행합니다. 이를 괴

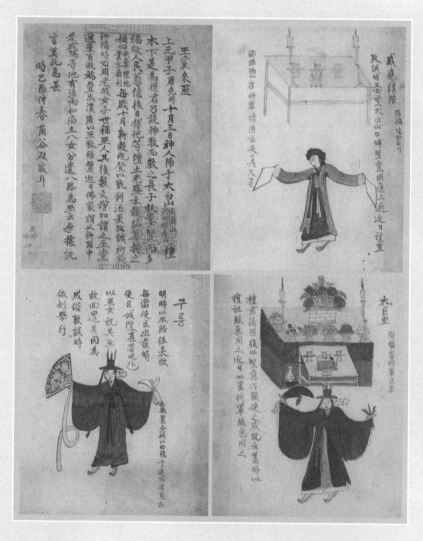

《무당내력》

《무당내력巫黨來歷》은 난곡蘭谷이 19세기 서울굿의 각 거리를 그림으로 그려 설명한 책이다. 왼쪽부터 무당내력 본문과 그 속에 수록된 그림이다(갈은청배, 군웅풀이, 대기리).

이하게 생각하지 않는 자가 가끔 있으니 부녀의 정숙한 덕이 사라
졌습니다. 이를 놔두면 여기에 미혹하고 요사스러운 오랜 습관과
무당의 노래하고 춤추는 음란한 풍속이 더 커져 장차 금할 수 없게
될 것입니다. 지금부터 서울과 지방의 명산과 사당에 부녀들의 내
왕을 엄금하고 만일 어기는 자가 있으면 법에 의해 타락한 행실의
책임을 물으소서."

이에 왕이 상소문을 내려보내지 않고 사헌부에 뜻을 전했다.

"사대부의 아내들이 친히 교외의 명산과 사당을 찾아 기도하는
것은 예속에 어긋나니 지금부터 가는 자가 있으면 그 가장과 함께
죄를 물을 것이오."

1431년(세종 13) 6월 25일

조상에 대한 상례와 제사의 법을 엄격하게 시행하고 권장하던 조선시대에서 산천에 대한 제사를 금한 것은 다소 의외로 여겨질 수 있다. 조선의 성리학적 유교 질서에서는 유교의 선현이나 불가의 정통 의식과 관련된 정사正祀가 아닌 잡신에 대한 제사와 신앙은 음사淫祀라 하여 철저하게 배격했다. 그 대신 관례, 혼례, 상례, 제례를 다루고 있는 '주자가례'를 인륜과 풍속을 바로잡는 방법으로 권장했다. 가례는 사치와 화미華美를 막아 백성들의 경제적 삶을 안정시키는 방편이기도 했다. 가례를 벗어난 음사에는 각종 고사, 세시풍속, 통과의례, 상례음사, 한식寒食에 길가나 들에서 잡신雜神을 위해 드리는 야제野祭, 예언, 점복, 굿 등의 민간신앙이 포함된다.

원래 유학사상은 인도정신을 그 목적으로 하고 있지만, 인도정신은 천도를 떠나서 설명할 수 없고, 천도의 연원은 상제 사상에 뿌리를 두고 있으므로 그 뿌리는 유신론이라 할 수 있다. 《시경》의 '생민편'에는 초기 국가의 상징인 주나라를 세운 후직의 아버지 강원姜嫄이 자식이 없음을 하늘에 고해 정결하게 제사하니 상제의 발자국을 따라 자식이 생겨났다고 하고 있다. 여기서 인간과 상제는 제사를 매개로 만나게 되었고, 상제의 아들로서 인간이 탄생하게 되었다. 그 대를 이어가는 후손들에게는 상제와 조상이 하나라는 관념이 싹텄고, 조상에 대한 제사는 바로 상제를 섬기는 일이기도 했다. 그리고 상제의 의지는 조상의 의지를 통해 후손에게 미치게 된다고 보았다. 다시 말해 유학의 조상 숭배의식은 그 뿌리가 상제 숭배의 바탕에 있었던 것이다.

"조상에게 제사하고 순종하니 신께서 언제라도 원망이 없고, 신께서 언제라도 상심하지 않네. 그 모범이 처에게 이르고 마침내는 형제에게 이르니 이로써 집안과 나라를 다스린다. 궁궐에 있을 때는 화락함을 즐기고, 사당에 있을 때는 엄숙하고 고요하니, 나타나는 모양이 없어도 임한 듯하고, 비추는 말씀이 없어도 또한 간직하도다."

《시경》의 이 구절은 조상에 대한 제사가 하늘의 상제와의 화목의 지름길이며, 여기에서 처와 형제와 집안으로 교화가 미치며, 나라로 확장되어 통치질서에 이르게 된다는 점을 보여준다.

또한 제사로 시작하여 사당에서 홀로 엄숙히 서 있는 것으로 끝나는 구성은 인간 수양의 뿌리는 하늘과 사귐을 떼놓고 생각할 수 없다는 유교사상을 잘 나타낸다. 그런 점에서 이런 교천郊天(왕이 천신天神에게 제사를 지내던 일)의 엄숙함과 의도성이 결여된 채 인간의 불안정하고 변덕스런 기질에 따라 자기만족을 위해 무절제하게 벌이고, 심지어 사치와 방탕까지 조장하던 민간의 각종 신앙들에 대해 양반 사회에서 이를 음사라고 하여 배척한 것은 당연한 일인지도 모른다. 그러나 이렇게 사치와 허례를 배격하기 위해 나온 가례가 나중에는 다시 사회적 문제가 된 것을 보면 허영이란 우리의 DNA 속에 깊숙이 자리잡고 있는 것 같다.

제1장

김비환, 〈조선 초기 유교적 입헌주의의 제요소와 구조〉, 《정치사상연구》, 제14집 1호, 2008년 봄, 7~84쪽.

김용환, 〈관용과 가치교육의 전략〉, 《철학연구》, 제40집, 1997년, 89~110쪽.

김종수, 〈효종 동궁일기를 통해 본 서연 양상〉, 《규장각》, 제31집, 2007년, 81~120쪽.

김중권, 〈조선 태조 세종연간 경연에서의 독서토론 고찰〉, 《서지학연구》, 제27집, 2004년, 281~308쪽.

배병삼, 〈정치가 세종의 한 면모〉, 《정치사상연구》, 제11집 2호, 2005년, 13~37쪽.

육수화, 〈조선시대 세자 시강원의 교육과정〉, 《규장각》, 제11집, 2004년, 129~181쪽.

윤훈표, 〈조선시대 경연 실시의 의미〉, 《율곡사상연구》, 제18집, 2009년, 211~242쪽.

이석규, 〈조선 초기 응지상소應旨上疏에 나타난 제도론〉, 《조선시대사학보》, 제39집, 2006년, 5~37쪽.

제2장

김용린, 〈부정부패와 조선 초기의 염치사상〉, 《한국행정사학지》, 제17권, 2005년, 65~90쪽.

박창진, 〈중종실록을 통해서 본 정책참여기관의 권력관계연구〉, 《한국정치학회보》, 제31권, 1997년, 89·114쪽.

박평식, 〈조선 초기의 대외무역정책〉, 《한국사연구》, 제125호, 2004년, 71~118쪽.

백상기, 〈조선조 감사제도 연구〉, 《영남대 민족문화연구총서》, 제14권, 1990년, 188~306쪽.

한충희, 〈조선 초기 경직문관 정1~종1품직의 관직 지위〉, 《계명사학》, 제18집, 2007년, 27~57쪽.

제3장

김판석·윤주희, 〈고려와 조선 왕조의 관리등용제도〉, 《한국사회와 행정연구》, 제11권 제2호, 2000년, 139~163쪽.

신항수, 〈성균관 유생들의 성리학적 이상과 현실참여〉, 《내일을 여는 역사》, 제25호, 2006년, 22~32쪽.

이남희, 〈과거제도-그 빛과 그늘〉, 《오늘의 동양사상》, 제18호, 2008년, 117~136쪽.

최희수, 〈조선 초기의 권력구조와 권력상호간의 통제원리에 대한 고찰〉, 《법사학연구》, 제28집, 2003년, 129~156쪽.

제4장

강제훈, 〈조선 세조대의 공물대납정책〉, 《조선시대사학보》, 제36호, 2006년, 109~144쪽.

김순남, 〈한국 정치제도의 변화상-조선 초기 경차관과 외관〉, 《한국사학보》, 제18권, 2004년, 335~360쪽.

임선빈, 〈조선 초기 외방사신에 대한 시론〉, 《조선시대사학보》, 제5권, 1998년, 68~70쪽.

정현재, 〈조선 초기의 경차관에 대하여〉, 《경북사학》, 제1권, 1979년, 135~170쪽.

제5장

김경숙, 〈16~17세기 노양처병산법과 노비소송〉, 《역사와 현실》, 제67호, 2008년, 253~283쪽.

진희권, 〈조선시대의 형벌사상〉, 《안암법학》, 2000년, 203~228쪽.

한상권, 〈조선시대 소송과 외지부外知部〉, 《역사와 현실》, 제69호, 2008년, 255~292쪽.

제6장

노영구, 〈조선 초기 수군과 해령직의 변화〉, 《서울대 한국사론》, 제33권, 1995년, 79~
141쪽.

이재룡, 〈조선 전기의 수군－군역관계를 중심으로〉, 《한국사연구》, 제5권, 1970년,
117~145쪽.

조원래, 〈임란 초기 해전의 실상과 조선 수군의 전력〉, 《조선시대사학보》, 제29호,
2004년, 75~104쪽.

제7장

이존희, 〈조선 초기의 수령제도〉, 《역사교육》, 제30·31합권, 1982년, 29~85쪽.

장병인, 〈조선 초기의 관찰사〉, 《한국사론》, 제4권, 1978년, 131~188쪽.

제8장

이한수, 〈세종시대의 정치가와 국가의 긴장을 중심으로〉, 《동양정치사상사》, 제4권 제
2호, 2004년, 151~254쪽.

조성덕, 〈다산 정약용의 효관〉, 《한문학보》, 제16집, 2007년, 109~136쪽.

제9장

박용옥, 〈조선 태종조 처첩분변고〉, 《한국사연구》, 제14권, 1976년, 93~115쪽.

조효순, 〈조선 초기 혼례풍속연구〉, 《복식문화연구》, 제5권 제1호, 1997년, 29~42쪽.

제10장

배옥영, 〈주대 상제의식의 형성과 전개〉, 《범한철학》, 제27집, 2002년, 251~268쪽.

조희선, 〈조선조 유교화와 신앙의 이중성〉, 《성균관대 인문과학》, 제44집, 2009년,
303~328쪽.

왕에게 고하라

이호선 지음

발 행 일 초판 1쇄 2010년 9월 20일
　　　　　초판 2쇄 2010년 10월 8일
발 행 처 평단문화사
발 행 인 최석두

등록번호 제1-765호 / 등록일 1988년 7월 6일
주　　소 서울시 마포구 서교동 480-9 에이스빌딩 3층
전화번호 (02)325-8144(代) FAX (02)325-8143
이 메 일 pyongdan@hanmail.net
I S B N 978-89-7343-332-2 03910

* 잘못된 책은 바꾸어 드립니다.

이 도서의 국립중앙도서관 출판시도서목록(CIP)은 e-CIP 홈페이지
(http://www.nl.go.kr/ecip)에서 이용하실 수 있습니다.
(CIP제어번호: CIP2010003317)

저희는 매출액의 2%를 불우이웃돕기에 사용하고 있습니다.